HANYANG KOREAN #4
WRITING PRACTICE

한양 한국어 4 쓰기 연습

한양대학교 국제어학원 편

한양 한국어는
외국인과 재외동포를 위한 한국어 통합 교재이다
이 책은 한국어 학습자들이 어휘와 문법 관용 표현을 배우고
듣기 말하기 읽기 쓰기 등의 통합 활동을 통해 의사소통 능력을 기르는 데 목표를 두었다

BY THE HANYANG UNIVERSITY INTERNATIONAL LANGUAGE INSTITUTE

한양대학교 출판부

HANYANG KOREAN 4
WRITING PRACTICE

By the Hanyang University International Language Institute
Textbook Committee: Youngsook Lee, Jahyun Cho, Kyeongeun Lee

Published by Hanyang University Press
Add: #222 Wangsimni-ro, Seongdong-gu, Seoul, 133-791 Korea
Tel: 82-2-2220-1432~4
Fax: 82-2-2220-1435
http://www.press.hanyang.ac.kr
Email: presshy@hanyang.ac.kr

ISBN 978-89-7218-429-4 04710

인사말

전 세계적으로 한국어를 사용하는 인구는 약 7,500만 명 정도로 추산된다. 이는 영어, 중국어, 스페인어, 일본어, 독일어의 경우보다는 적지만, 프랑스어보다는 약간 많은 숫자이며, 세계적으로 대략 11위를 차지하고 있다.

그뿐만 아니라 전 세계적으로 한국 기업이 진출해 있고, 한국인들이 이민 가서 살고 있기 때문에 한국어는 이제 세계 여러 나라에서 사용되고 있다. 게다가 한류의 열풍으로 한국어교육의 수요가 중국, 일본, 대만, 말레이시아, 태국 등 아시아 국가에서 유럽, 남미 등으로 확산되고 있다. 예를 들면, 프랑스 일간지 르파리지앵의 보도에 따르면 최근 프랑스에 불고 있는 한류열풍으로 한국어 수업이 개설된 대학에 한국어 수업 등록 인원이 최대 3배까지 늘어났고, 또한 주불 한국문화원에는 4년 전에 500명 가량이었던 한국어를 배우는 학생 수가 현재 1300명으로 크게 증가했다. 이밖에도 매년 한국어능력시험 응시자 수도 크게 증가하고 있다. 이러한 추세를 반영하듯 세계 여러 나라에서 한국으로 유학을 오려고 하는 학생 수가 계속해서 증가하고 있다. 작년 통계에 따르면 국내에 유학 중인 외국인 학생 수는 8만 7천여 명에 달하고 있다. 게다가 교육부에서도 '스터디 코리아(Study Korea) 2020' 계획을 통하여 2020년까지 해외 유학생 20만 명을 국내에 유치할 계획이다. 따라서 앞으로 한국어의 수요와 위상은 계속해서 높아질 것으로 기대된다.

2012년에 본 국제어학원에서 한국어를 수강한 학생들의 국적은 총 40개국에 이르렀다. 이는 한국의 경제력과 학문과 문화 산업의 성장에 따른 결과라고 볼 수 있는데, 매우 뜻 깊은 일이 아닐 수 없다. 왜냐하면, 이것이야말로 5000년의 역사에 걸쳐 우리 민족이 가져 왔던 '널리 인간을 이롭게 한다'는 홍익인간의 이념이 조금씩 실현되고 있다는 증거이기 때문이다. 세계 곳곳에서 실용적인, 학문적인, 혹은 문화적인 측면에서 한국어 사용 능력의 중요성이 점점 증가하고 있는 것이다.

이러한 다양한 필요에 따라 한국어를 제2언어로 배우려고 하는 분들에게, 이번에 출판하는 중급 단계 교재 〈한양한국어4〉가 많은 도움이 될 것을 의심치 않는 바이다. 한양대학교 국제어학원은 오랫동안 한국어를 제2언어로 가르쳐 오신 전임 교수들을 필진으로 하여 2011년부터 내용과 형식에서 좀 더 학생들의 필요를 적절하게 잘 충족시켜 줄 수 있는 교재를 편찬하기에 이르렀다. 특히, 이번에 발간되는 〈한양한국어4〉는 의사소통 능력을 위한 통합형 교재로서 다양한 언어권의 학습자들이 한국어를 배우는 데 훌륭한 길잡이가 될 것이다. 좋은 교재 내용을 집필하신 이영숙, 조자현, 이경은 교수, 기획과 사업 추진에 헌신하신 이희자 팀장, 그리고 교재가 잘 제작되도록 사진 작업에 도움을 주신 이현국 선생님, 녹음에 수고해 주신 김정훈, 안정호, 최희정 선생님과 고운소리미디어에도 감사를 드린다. 끝으로 최고 품질의 교재를 만들 수 있도록 전폭적인 지지를 아끼지 않으신 한양대학교의 임덕호 총장님과 엄익상 출판부장께도 심심한 감사를 드리는 바이다. 이 책이 한국에서뿐 아니라 해외에서 한국어를 배우려고 하는 학습자들에게 좋은 안내자와 벗이 되기를 바라마지 않는다.

2013년 6월 10일

한양대학교 국제어학원장 교수 **서 원 남**

차례

교수요목

과	단원명	주제	어휘	문법	과제
1	현대인의 여가 생활	여가 생활의 변화와 활동의 종류	① 여가 생활 목적 관련 어휘 ② 여가 활동 관련 어휘	① -는 바람에 ② -(으)랴 -(으)랴	① 여가 생활의 변화에 대해 듣고 말하기 ② 다양한 여가 활동에 대한 글 읽고 쓰기
		바람직한 여가생활의 방법	① 현대인의 생활 특성 관련 어휘 ② 여가 활동 효과 어휘	① -더니 ② -어/아 봤자	① 여가활동의 불만족에 대해서 듣고 말하기 ② 바람직한 여가 활용에 대한 글 읽고 쓰기
2	적성과 직업	적성과 직업	① 성격 관련 어휘 ② 직업의 종류와 적성 관련 어휘	① -(으)ㄹ 겸 -(으)ㄹ 겸(해서) ② -어/아 두다	① 선호하는 직업에 대한 대화문 듣고 말하기 ② 직업 선택에 대한 글 읽고 쓰기
		직업의 다양성	① 직업관 관련 어휘 ② 직장 부서 관련 어휘	① -(으)나 마나 ② -더라도	① 직업 선택에서 중요한 요인에 대해 듣고 말하기 ② 바람직한 직업관에 대한 글 읽고 쓰기
3	음식과 요리	한국음식의 종류와 음식 만들기	① 요리 관련 어휘 ② 한국 음식의 종류	① -(으)려거든 ② -고 보니	① 외국인이 좋아하는 한국 음식에 대해 듣고 말하기 ② 김치에 대한 글 읽고 쓰기
		음식 문화와 식습관	① 맛 관련 형용사 ② 양념의 종류	① -(으)ㄹ 지경이다 ② -(ㄴ/는)다니요?	① 식습관에 대해 듣고 말하기 ② 토착화 된 외래 음식에 대한 글 읽고 쓰기
4	생활 정보	주거 및 교통 관련 정보	① 주거 생활 관련 어휘 ② 교통 관련 어휘	① -었/았더니 ② -는 수도 있다	① 생활 관련 규칙에 대한 대화 듣고 말하기 ② 생활 정보에 대한 글 읽고 쓰기
		다양한 생활 정보	① 공공기관 관련 어휘 ② 생활 시설 관련 어휘	① -(으)ㄴ/는 게 -(ㄴ/는)다고들 하다 ② -(으)ㄹ 바에야	① 공공기관 이용에 대해 듣고 말하기 ② 공공시설 이용 정보에 대한 글 읽고 쓰기
5	한국의 명소	서울의 테마별 명소와 볼거리	① 관광 관련 어휘 ② 서울 관련 어휘	① -길래 ② -(ㄴ/는)다고 하더니	① 서울에 관한 대화 듣고 말하기 ② 서울 소개에 대한 글 읽고 쓰기
		한국의 문화유산과 명소	① 문화유산 관련 어휘 ② 명소 탐방 관련 어휘	① -(으)ㄹ 건지 -(으)ㄹ 건지 ② (이)야말로	① 한국의 문화유산에 대해 듣고 말하기 ② 기행문 읽고 쓰기
6	세대 차이	세대 차이의 원인과 극복방법	① 세대 지칭 어휘 ② 세대 차이 관련 어휘	① -곤 하다 ② -지 않고서는 -(으)ㄹ 수 없다	① 세대별 생활 방식의 차이에 대해 듣고 말하기 ② 세대 차이의 원인과 극복방법에 대한 글 읽고 쓰기
		가치관의 변화와 세대 차이	① 세대 관계 어휘 ② 가치관 관련 어휘	① -(으)ㄹ 게 뻔하다 ② -기 마련이다	① 세대 간 갈등에 대해 듣고 말하기 ② 가치관의 변화에 대한 글 읽고 쓰기
7	옛날 이야기	옛날이야기의 구성과 기능	① 옛날이야기의 구성 관련 어휘 ② 옛날이야기의 내용 관련 어휘	① -는 둥 마는 둥 하다 ② 은/는 물론이고	① 옛날이야기의 특성에 대해 듣고 말하기 ② 옛날이야기의 교육적 가치에 대한 글 읽고 쓰기
		옛날이야기의 주제와 등장인물	① 옛날이야기의 주제 관련 어휘 ② 옛날이야기의 등장인물 관련 어휘	① 치고 ② 은/는커녕 / -기는커녕	① 옛날이야기의 주제에 대해 듣고 말하기 ② '개미와 베짱이'의 줄거리 바꿔 쓰기

과	단원명	주제	어휘	문법	과제
8	인간관계	인간관계의 유형	① 관계 관련 어휘 ② 인간관계 관련 감정 어휘	① -(으)ㄹ 수도 있다 ② -(으)ㄴ 채(로)	① 인간관계의 어려움에 대해 듣고 말하기 ② 인간관계를 맺는 방법에 대한 글 읽고 쓰기
		인간관계의 중요성	① 인간관계 관련 어휘 ② 인간관계 관련 표현	① -(으)ㄴ/는 척하다 ② -어/아야	① 인간관계의 중요성에 대해 듣고 말하기 ② 인간관계를 넓히는 방법에 대한 글 읽고 쓰기
9	정보 시대	정보 사회와 매체의 발달	① 정보 관련 어휘 ② 매체 관련 어휘	① -(으)ㄴ/는걸요 ② -었/았더라면	① 매체의 발달에 대해 듣고 말하기 ② 정보화 시대 한글의 우수성에 대한 글 읽고 쓰기
		인터넷의 장점과 단점	① 인터넷의 편리함 관련 어휘 ② 인터넷의 문제점 관련 어휘	① -기엔 -지 않아요? ② -다시피	① 정보 사회의 특성에 대해 듣고 말하기 ② SNS의 효율성과 부작용에 대한 글 읽고 쓰기
10	고민과 상담	고민 내용과 고민 해결 방법	① 고민 내용 관련 어휘 ② 고민 관련 표현	① -(으)ㄴ/는 법이다 ② -(ㄴ/는)다고 치다	① 연령별 고민 내용에 대해 듣고 말하기 ② 고민 해결 방법에 대한 글 읽고 쓰기
		상담과 조언	① 상담 관련 어휘 ② 고민 극복 방법 관련 어휘	① -다가 보면 ② -(으)ㄴ/는 데에는	① 상담 방법에 대해 듣고 말하기 ② 상담 사례 읽고 조언하는 글 쓰기
11	전통 명절	한국의 명절	① 명절 관련 어휘 ② 명절 풍속 관련 어휘	① 그렇다고 (해서) -(으)ㄹ 수는 없다 ② -는 통에	① 한국의 명절 풍속에 대해 듣고 말하기 ② 정월 대보름에 대한 글 읽고 쓰기
		전통적인 명절 풍습과 현대의 명절 풍습	① 명절 풍습 관련 어휘 ② 전통적인 사고방식 관련 어휘	① -다가는 ② -(으)ㄹ 리가 없다	① 명절 풍습에 대해 듣고 말하기 ② 명절 문화의 변화에 대한 글 읽고 쓰기
12	사건과 사고	사건 발생의 원인과 예방	① 범죄의 유형 관련 어휘 ② 사건 발생의 원인 관련 어휘	① -다기에 ② 에 따르면	① 범죄 사건에 대한 뉴스 듣고 말하기 ② 사건 기사문 읽고 쓰기
		사고의 종류와 예방	① 사고 종류 관련 어휘 ② 사고 발생의 원인 관련 어휘	① -고 말다 ② (으)로 인해	① 사고에 대한 뉴스 듣고 말하기 ② 사고 기사문 읽고 쓰기
13	재미있는 한국어	한국의 속담과 관용어	① 주제별 속담 ② 신체 관련 관용어	① -(으)니/느니 만큼 ② -(으)ㄴ/는 김에	① 한국의 속담과 관용어에 대해 듣고 말하기 ② 한국 속담의 문화적 의미에 대한 글 읽고 쓰기
		한국어의 의성어와 의태어	① 의성어 ② 의태어	① -고 해서 ② -(으)면서도	① 의성어와 의태어에 대해 듣고 말하기 ② 한국 옛날이야기 읽고 자기 나라 옛날이야기 쓰기
14	역사 속의 인물	한국의 역사 속 인물	① 한국의 역사시대 관련 어휘 ② 인물의 업적 관련 표현	① -기로는 ② -는 대로	① 한국의 역사 속 인물에 대해 듣고 말하기 ② 세종대왕 위인전 읽고 역사 인물 소개하는 글 쓰기
		세계의 역사 속 인물	① 시대 관련 어휘 ② 역사 인물의 특성 관련 표현	① -(으)려던 참이다 ② (이)나마	① 세계의 역사 속 인물에 대해 듣고 말하기 ② 노벨 위인전 읽고 화폐 인물 소개하기
15	미신	한국의 생활 속 미신	① 미신 관련 어휘 ② 운세 관련 어휘	① -(으)ㄹ까 봐 ② -지 않을 수 없다	① 미신에 대해 듣고 말하기 ② 열두 띠에 대한 글 읽고 쓰기
		관혼상제와 미신	① 생활 관련 미신 ② 관혼상제 관련 미신	① -느니 차라리 ② (으)로 봐서는	① 한국의 미신에 대해 듣고 말하기 ② 생활 속 미신에 대한 글 읽고 쓰기

일러두기

〈한양한국어4〉는 외국인과 재외동포를 위한 한국어 통합교재이다. 이 책은 한국어 중급 학습자들이 중급 어휘와 문법, 관용 표현을 배우고, 듣기, 말하기, 읽기, 쓰기 등의 통합 활동을 통해 의사소통 능력을 기르는 데 목표를 두었다.

- 〈한양한국어4〉는 주 교재, 쓰기연습, 듣기용 CD로 이루어져 있다.
- 총 15과로 이루어져 있으며 각 과는 2개 항으로 구성하여 총 30개 항으로 구성하였다. 그리고 한 항은 4시간 분량으로 구성하였다.
- 단원명은 주제 중심으로 설정하였다.
- 이 책에서는 먼저 학습 목표를 소개하고 수업 단계에 따라 도입과 준비, 어휘 제시와 연습, 문법 제시와 연습, 대화하기, 듣고 말하기, 읽고 말하기, 읽고 쓰기의 순으로 구성하였으며, 정리 및 확인 학습은 〈쓰기 연습〉에서 이루어지도록 하였다.
- 부록에서는 〈듣기 지문〉, 〈듣기 해답〉, 〈어휘 색인〉, 〈문법색인〉을 두어 교사와 학습자에게 도움이 되도록 하였다.

이 책의 단원별 구성 체제를 구체적으로 소개하면 다음과 같다.

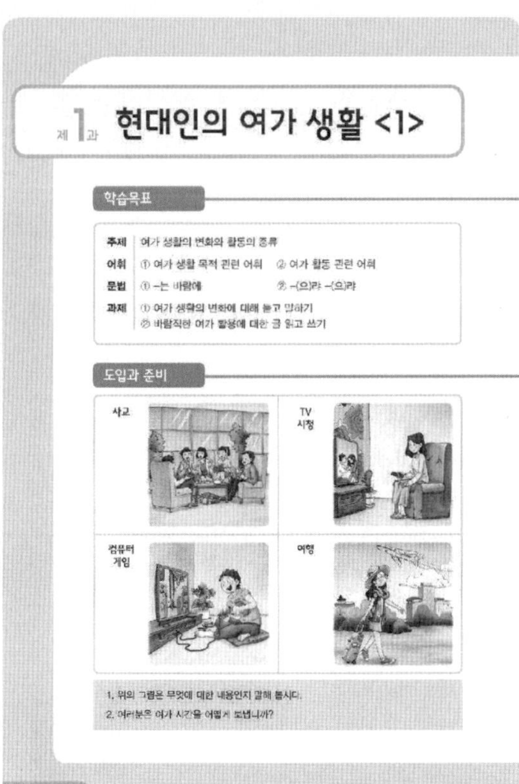

학습목표

도입과 준비

- **[도입과 준비]**에서는 각 단원의 학습 목표를 주제와 관련 어휘, 문법, 과제 활동 순으로 소개하였으며, 삽화나 사진, 그래픽을 통해 본 수업에 들어가기 전에 학습 목표를 환기시키며, 학습자들의 내적 동기를 강화할 수 있도록 하였다.

어휘 제시와 연습

■ **[어휘 제시와 연습]**에서는 각 단원의 주제와 관련한 핵심 어휘와 표현을 제시하고 다양한 유형을 통하여 어휘와 표현을 연습하도록 하였다.

어휘 제시와 연습

1. 여가의 목적에 대한 단어를 공부하고 문장을 완성해 봅시다.

피로 회복	자기 계발	활력소	친목 도모
기분 전환	건강 증진	재충전	스트레스 해소

1) 성공하려면 끊임없이 ________ 해야 한다.
2) 이번 체육대회는 회원들과의 ________ 위한 것이다.
3) 나는 ________ 하기 위해서 미용실에 가서 머리 모양을 바꿨다.
4) 여행은 지루한 생활을 즐거운 생활로 바꿔 주는 생활의 ________ 같다.
5) 주민들의 ________ 위해서 집 근처 공원에 체육시설을 만들 계획이라고 한다.

문법 제시와 연습

■ **[문법 제시와 연습]**에서는 목표 문법 항목에 대해 설명과 예문을 함께 제시하였으며, 문법 항목의 특징에 따라 형태 연습, 완성 연습, 상황 연습, 유의미한 연습 등이 다양하게 이루어질 수 있도록 하였다.

문법 제시와 연습

1. -는 바람에

동사 뒤에 붙어서 '그것 때문에'의 뜻을 나타낸다. 앞의 내용이 뒤에 일어나는 상황의 원인이나 이유가 됨을 표현하며, 앞 상황이 화자가 미리 생각하지 못한 부정적인 결과를 가져올 때 사용한다.

① 가: 왜 이렇게 늦었어요?
　나: 길이 막히는 **바람에** 늦었어요.
② 가: 어쩌다가 입원했어요?
　나: 눈길에서 미끄러지는 **바람에** 다리를 다쳤어요.

연습 1　'-는 바람에'를 사용해서 대화를 완성해 봅시다.

1) 가: 왜 비행기를 못 탔어요?
　나: ________________.
2) 가: 왜 교통사고가 났대요?
　나: 신호등이 ________________ 교통사고가 났대요.
3) 가: 왜 친구에게 돈을 빌렸어요?
　나: 지갑을 ________________ 점심 먹을 돈이 없어서 빌렸어요.

대화하기

■ **[대화하기]**에서는 주제와 관련된 적절한 대화문을 제시하여 실제 담화를 통해 의사소통 능력을 기르도록 도왔으며, 어휘 연습과 내용 이해를 하도록 하는 것은 물론 대화문과 관련된 질문에 자신의 의견을 말할 수 있도록 유도하였다.

대화하기

제니: 한솔 씨, 한국 사람들은 여가 활동으로 뭘 많이 해요?
한솔: 한국 사람들이 가장 선호하는 여가 활동은 여행인데, 실제로는 TV 시청을 하면서 휴식을 취하는 사람들이 더 많대요.
제니: 요즘은 다들 바쁘게 생활하니까 시간이 있어도 여가 생활을 즐기기가 힘든 것 같아요.
한솔: 그렇겠죠. 근데 제니 씨는 여가 시간에 보통 뭘 하면서 지내요?
제니: 저는 춤추는 길 좋아해서 댄스 학원에 다니고 있는데, 며칠 전에 다리를 다치는 바람에 요즘은 못 가고 있어요.
한솔: 그래도 제니 씨는 여가 활동을 열심히 하시네요. 저는 여행을 하고 싶은데 학교 다니랴 취업 준비하랴 바빠서 여행은 꿈도 못 꿔요.
제니: 여가 활동을 하면 기분 전환도 되고 스트레스도 해소할 수 있으니까 아무리 바빠도 여가 시간을 가져 보세요.
한솔: 네. 앞으로는 시간을 내서 여가 활동을 해 볼게요.

1. 다음 질문에 대답해 봅시다.

1) 한국 사람들이 가장 선호하는 여가 활동은 무엇입니까?
2) 한솔은 요즘 왜 여가 활동을 못 하고 있습니까?
3) 제니는 여가 활동을 하면 무엇이 좋다고 했습니까?

듣고 말하기

1. 다음 대화를 듣고 맞으면 O, 틀리면 X표 하십시오.

1) 남자는 지난주에 아파서 모임에 나가지 못했다. ( )
2) 한국인들은 여가 활동으로 등산을 가장 많이 한다. ( )

2. 다음 대화를 잘 듣고 질문에 대답하십시오.

1) 남자는 제주도에서 여행할 때 어떤 일이 있었습니까?

....

2) 오늘날 여가 생활이 다양해진 이유는 무엇입니까?

....

3. 다음을 잘 듣고 질문에 대답하십시오.

순위	10대	20대	30대	40대	50대
1	①	②	③	④	⑥
2	온라인게임	영화 관람	운동	⑤	산책
3	인터넷•컴퓨터	PC•온라인게임	음악 감상	운동	⑦
4	축구	축구	영화 관람	여행	노래 부르기
5	독서	인터넷•컴퓨터	낚시	낚시	음악 감상

1) ①번~⑦번까지 빈칸에 알맞은 말을 쓰십시오.

....

듣고 말하기

■ **[듣고 말하기]**에서는 학습 목표와 관련된 실생활 대화문과 다양한 텍스트 유형을 통하여 한국어 이해 활동을 도왔으며, 듣기와 말하기는 물론 쓰기 활동과의 통합 활동을 유도하였다.

읽고 말하기

■ **[읽고 말하기]**에서는 각 단원의 주제와 관련된 생 자료를 제시하여 산문 읽기뿐만 아니라 다양한 읽기 텍스트를 통해 실제 생활에 필요한 읽기 활동이 되도록 하였다. 또한 읽기와 말하기 통합 활동을 유도하였으며, [읽고 쓰기] 단계의 수업 전 단계 기능을 하도록 하였다.

읽고 말하기

1. 다음을 읽고 질문에 대답해 봅시다.

서울 시민의 주말 여가 시간

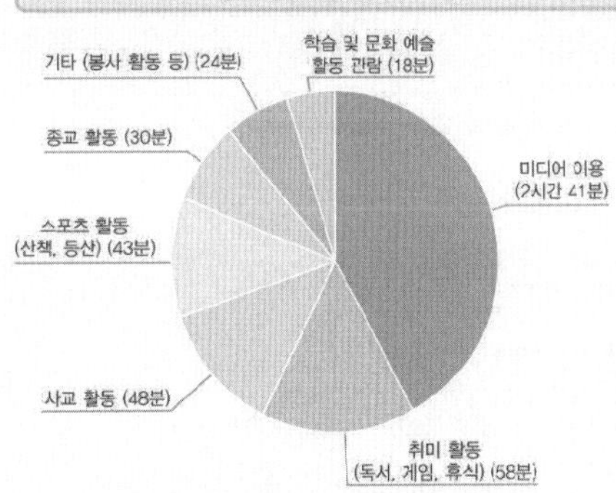

1) 서울 시민의 여가 생활에 대해 이야기해 봅시다.
2) 여러분의 주말 여가 생활은 어떤지 이야기해 봅시다.

2. 친구들은 어떤 여가 활동을 하는지 묻고 써 봅시다.

친구 이름	여가 활동			
	종류	장소	시간	비용

새 단어: 사교 미디어 종교

읽고 쓰기

■ **[읽고 쓰기]**에서는 단원의 주제와 관련된 내용의 수필이나 기사문, 안내문, 논설문 등의 산문을 제시하였으며, 읽기 텍스트는 작문 과제의 보기 글이 될 수 있도록 하여 쓰기 활동과의 통합 활동을 유도하였다.

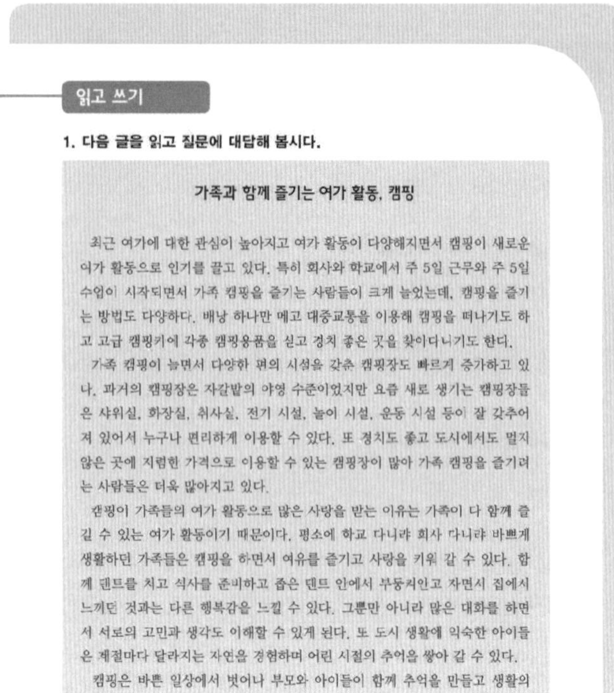

읽고 쓰기

1. 다음 글을 읽고 질문에 대답해 봅시다.

가족과 함께 즐기는 여가 활동, 캠핑

최근 여가에 대한 관심이 높아지고 여가 활동이 다양해지면서 캠핑이 새로운 여가 활동으로 인기를 끌고 있다. 특히 회사와 학교에서 주 5일 근무와 주 5일 수업이 시작되면서 가족 캠핑을 즐기는 사람들이 크게 늘었는데, 캠핑을 즐기는 방법도 다양하다. 배낭 하나만 메고 대중교통을 이용해 캠핑을 떠나기도 하고 고급 캠핑카에 각종 캠핑용품을 싣고 경치 좋은 곳을 찾아다니기도 한다.

가족 캠핑이 늘면서 다양한 편의 시설을 갖춘 캠핑장도 빠르게 증가하고 있다. 과거의 캠핑장은 자갈밭의 야영 수준이었지만 요즘 새로 생기는 캠핑장들은 샤워실, 화장실, 취사실, 전기 시설, 놀이 시설, 운동 시설 등이 잘 갖추어져 있어서 누구나 편리하게 이용할 수 있다. 또 경치도 좋고 도시에서도 멀지 않은 곳에 저렴한 가격으로 이용할 수 있는 캠핑장이 많아 가족 캠핑을 즐기려는 사람들은 더욱 많아지고 있다.

캠핑이 가족들의 여가 활동으로 많은 사랑을 받는 이유는 가족이 다 함께 즐길 수 있는 여가 활동이기 때문이다. 평소에 학교 다니랴 회사 다니랴 바쁘게 생활하던 가족들은 캠핑을 하면서 여유를 즐기고 사랑을 키워 갈 수 있다. 함께 텐트를 치고 식사를 준비하고 좁은 텐트 안에서 부둥켜안고 자면서 집에서 느끼던 것과는 다른 행복감을 느낄 수 있다. 그뿐만 아니라 많은 대화를 하면서 서로의 고민과 생각도 이해할 수 있게 된다. 또 도시 생활에 익숙한 아이들은 계절마다 달라지는 자연을 경험하며 어린 시절의 추억을 쌓아 갈 수 있다.

캠핑은 바쁜 일상에서 벗어나 부모와 아이들이 함께 추억을 만들고 생활의

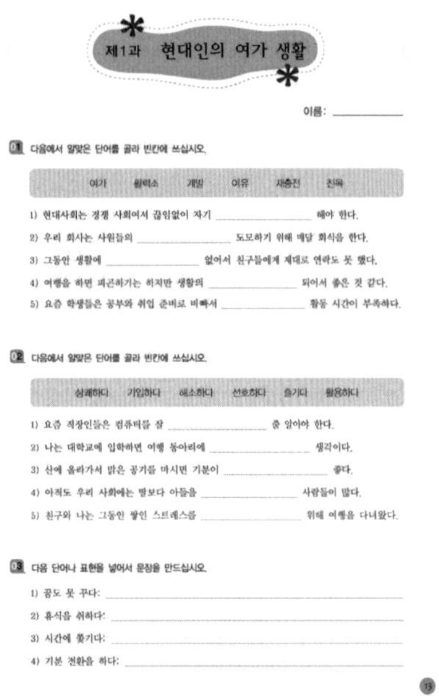

제1과 현대인의 여가 생활

이름: ________

01 다음에서 알맞은 단어를 골라 빈칸에 쓰십시오.

여가 활력소 개발 여유 재충전 친목

1) 현대사회는 경쟁 사회여서 끊임없이 자기 ________ 해야 한다.
2) 우리 회사는 사원들의 ________ 도모하기 위해 매달 회식을 한다.
3) 그동안 생활에 ________ 없어서 친구들에게 제대로 연락도 못 했다.
4) 여행을 하면 피곤하기는 하지만 생활의 ________ 되어서 좋은 것 같다.
5) 요즘 학생들은 공부와 취업 준비로 바빠서 ________ 활동 시간이 부족하다.

02 다음에서 알맞은 단어를 골라 빈칸에 쓰십시오.

상쾌하다 가입하다 해소하다 선호하다 즐기다 활용하다

1) 요즘 직장인들은 컴퓨터를 잘 ________ 줄 알아야 한다.
2) 나는 대학교에 입학하면 여행 동아리에 ________ 생각이다.
3) 산에 올라가서 맑은 공기를 마시면 기분이 ________ 좋다.
4) 아직도 우리 사회에는 딸보다 아들을 ________ 사람들이 많다.
5) 친구와 나는 그동안 쌓인 스트레스를 ________ 위해 여행을 다녀왔다.

03 다음 단어나 표현을 넣어서 문장을 만드십시오.

1) 꿈도 못 꾸다: ________
2) 휴식을 취하다: ________
3) 시간에 쫓기다: ________
4) 기분 전환을 하다: ________

13

쓰기 연습

■ **〈쓰기 연습〉**은 별책으로 구성하여 주 교재에서 배운 것을 최종적으로 정리하고 확인할 수 있도록 어휘와 표현 확인, 대화문 완성하기, 주어진 주제로 작문하기 등으로 구성하였다. 〈쓰기 연습〉은 수업 시간에 교사와 학습자들이 함께 공부할 수도 있고, 숙제로 활용할 수도 있다.

이 책은 중급 학습자들에게 한국에서의 일상생활에 필요한 의사소통 능력을 길러 주기 위해 만들었을 뿐만 아니라 한국에서 진학하고자 하는 학습자들에게도 유용하도록 교재 내용을 구성하였다. 아무쪼록 이 책이 한국어와 한국 문화를 배우고자 하는 이들에게 두루 활용되기를 기대한다.

제1과 현대인의 여가 생활

이름: ____________

01 다음에서 알맞은 단어를 골라 빈칸에 쓰십시오.

여가　　활력소　　계발　　여유　　재충전　　친목

1) 현대사회는 경쟁 사회여서 끊임없이 자기 ________________ 해야 한다.

2) 우리 회사는 사원들의 ________________ 도모하기 위해 매달 회식을 한다.

3) 그동안 생활에 ________________ 없어서 친구들에게 제대로 연락도 못 했다.

4) 여행을 하면 피곤하기는 하지만 생활의 ________________ 되어서 좋은 것 같다.

5) 요즘 학생들은 공부와 취업 준비로 바빠서 ________________ 활동 시간이 부족하다.

02 다음에서 알맞은 단어를 골라 빈칸에 쓰십시오.

상쾌하다　　가입하다　　해소하다　　선호하다　　즐기다　　활용하다

1) 요즘 직장인들은 컴퓨터를 잘 ________________ 줄 알아야 한다.

2) 나는 대학교에 입학하면 여행 동아리에 ________________ 생각이다.

3) 산에 올라가서 맑은 공기를 마시면 기분이 ________________ 좋다.

4) 아직도 우리 사회에는 딸보다 아들을 ________________ 사람들이 많다.

5) 친구와 나는 그동안 쌓인 스트레스를 ________________ 위해 여행을 다녀왔다.

03 다음 단어나 표현을 넣어서 문장을 만드십시오.

1) 꿈도 못 꾸다: ________________________________

2) 휴식을 취하다: ________________________________

3) 시간에 쫓기다: ________________________________

4) 기분 전환을 하다: ________________________________

04 '-(으)랴 -(으)랴'를 넣어서 다음 대화를 완성하십시오.

1) 가: 지난 주말에 어떻게 지냈어요?

나: ______________________________

2) 가: 한국에서 혼자 살아 보니까 어때요?

나: ______________________________

3) 가: 뭐 하느라고 용돈을 벌써 다 썼어요?

나: ______________________________

4) 가: 요즘 얼굴이 많이 피곤해 보이는데 왜 그래요?

나: ______________________________

5) 가: 지난번에 제니 씨가 부탁한 일은 다 끝냈어요?

나: ______________________________

6) 가: 어제 하루 종일 통화가 안 되던데 무슨 일 있었어요?

나: ______________________________

05 '-는 바람에'를 넣어서 다음 대화를 완성하십시오.

1) 가: 방학에 고향에 잘 갔다 왔어요?

나: 아니요. ______________________________

2) 가: 오늘 왜 이렇게 학교에 늦었어요?

나: ______________________________

3) 가: 어떻게 하다가 다리를 다쳤어요?

나: ______________________________

4) 가: 왜 엘리베이터를 안 타고 걸어서 와요?

나: ______________________________

5) 가: 왜 그 사람과의 약속을 지키지 않았어요?

나: ______________________________

6) 가: 이번 중간시험 때 왜 그렇게 공부를 안 했어요?

나: ______________________________

06 '-더니'를 넣어서 다음 대화를 완성하십시오.

1) 가: 제니 씨가 요즘 살이 많이 빠졌네요.
   나: ______________________________

2) 가: 동생이 요즘은 공부를 열심히 하네요.
   나: ______________________________

3) 가: 오늘은 어제보다 날씨가 많이 쌀쌀하네요.
   나: ______________________________

4) 가: 한솔 씨가 감기에 심하게 걸린 모양이에요.
   나: ______________________________

5) 가: 왕강 씨가 요즘 좀 우울해하던데 무슨 일이 있나 봐요.
   나: ______________________________

6) 가: 마이클 씨의 한국어 실력이 전보다 많이 좋아진 것 같아요.
   나: ______________________________

07 '-어/아 봤자'를 넣어서 다음 대화를 완성하십시오.

1) 가: 은영 씨가 집에 있는지 전화해 볼까요?
   나: ______________________________

2) 가: 학교에 늦을 것 같은데 우리 빨리 뛰어갈까요?
   나: ______________________________

3) 가: 그 사람이 그렇게 좋으면 고백해 보지 그래요?
   나: ______________________________

4) 가: 그 회사에 취업하고 싶으면 한번 지원해 보세요.
   나: ______________________________

5) 가: 부모님한테 용돈을 올려 달라고 말씀 드려 볼까?
   나: ______________________________

6) 가: 내일 시험이니까 오늘은 밤을 새워서 공부하세요.
   나: ______________________________

08 다음 주제 중 하나를 골라 아래에 제시된 내용을 포함하여 글을 쓰십시오.

1. 기억에 남는 가족과의 여가 활동	2. 현대인의 여가 생활
• 여가 활동 중에 있었던 여러 가지 일들 • 그 여가 활동이 특별하게 기억되는 이유	• 현대인들의 다양한 여가 활용 방법 • 여가 생활을 할 때에 주의할 점

제2과 적성과 직업

이름: ____________

01 다음에서 알맞은 단어를 골라 빈칸에 쓰십시오.

분야	부서	지위	생계	출세	보람

1) 봉사 활동을 하면 힘들지만 ____________ 느낄 수 있어서 좋다.
2) 지금은 예전에 비해 여성의 사회적 ____________ 많이 높아졌다.
3) 명문 대학을 졸업한다고 해서 모두 ____________ 하는 것은 아니다.
4) 어떤 ____________ 최고가 되려면 다른 사람보다 더 많이 노력해야 한다.
5) 우리는 같은 회사에서 일하고 있지만 ____________ 달라서 자주 못 만난다.

02 다음에서 알맞은 단어를 골라 빈칸에 쓰십시오.

외향적이다	소극적이다	안정적이다	꼼꼼하다	발휘하다	유지하다

1) 건강을 ____________ 규칙적으로 생활하는 것이 좋다.
2) 요즘 젊은 사람들은 공무원 같은 ____________ 직업을 선호한다.
3) 나는 성격이 ____________ 편이어서 형의 적극적인 성격이 부럽다.
4) 수업 시간에 선생님의 설명을 잘 듣고 ____________ 써 두는 것이 좋다.
5) 요즘은 여성들도 사회에서 자신의 능력을 ____________ 수 있는 기회가 많다.

03 다음 단어나 표현을 넣어서 문장을 만드십시오.

1) 적성에 맞다: ________________________
2) 자격증을 따다: ________________________
3) 전공을 살리다: ________________________
4) 발등에 불이 떨어지다: ________________________

04 '-(으)ㄹ 겸 -(으)ㄹ 겸 (해서)'를 넣어서 다음 대화를 완성하십시오.

1) 가: 요즘 도서관에 자주 가시네요.
   나: ______________________________

2) 가: 태권도 동아리에 가입했다면서요?
   나: ______________________________

3) 가: 어제 왜 한강공원에 갔다 왔어요?
   나: ______________________________

4) 가: 마이클 씨, 다음 주에 고향에 간다면서요?
   나: ______________________________

5) 가: 어제 오후에 무슨 일로 선생님을 만났어요?
   나: ______________________________

6) 가: 제니 씨, 지난 주말에 명동에 갔다 왔다면서요?
   나: ______________________________

05 '-어/아 두다'를 넣어서 다음 대화를 완성하십시오.

1) 가: 창문을 열어 놓을까요?
   나: 네. 날씨가 더우니까 ______________________________

2) 가: 발표 자료는 어디에 있어요?
   나: 제 가방 안에 ______________________________

3) 가: 볼 것도 없는데 텔레비전 끌까요?
   나: 조금 있으면 드라마가 시작되니까 그냥 ______________________________

4) 가: 유학 가려면 무슨 준비를 해야 하나요?
   나: ______________________________

5) 가: 방학에 해외여행을 가려고 하는데 뭐부터 해야 돼요?
   나: ______________________________

6) 가: 내년에 대학원에 진학하고 싶은데 무슨 준비를 해야 할까요?
   나: ______________________________

06 '-(으)나 마나'를 넣어서 다음 대화를 완성하십시오.

1) 가: 이번 시험 점수는 확인해 봤어?

나: ______________________________

2) 가: 발표를 안 해도 되는지 선생님께 물어보자.

나: ______________________________

3) 가: 주말인데 지금 극장에 가면 표가 있을까요?

나: ______________________________

4) 가: 그 교수님 수업이 어떤지 한번 들어 볼까요?

나: ______________________________

5) 가: 한솔 씨한테 이 일을 좀 도와 달라고 부탁해 볼까요?

나: ______________________________

6) 가: 학생 식당에 새로운 메뉴가 나왔다고 하던데 가서 먹어 볼까요?

나: ______________________________

07 '-더라도'를 넣어서 다음 대화를 완성하십시오.

1) 가: 많이 바빠서 모임에 못 갈 것 같은데 어떡하죠?

나: ______________________________

2) 가: 오늘 설거지하기가 귀찮은데 내일 해도 될까요?

나: ______________________________

3) 가: 어젯밤에 늦게 자서 수업 시간에 졸릴 것 같아요.

나: ______________________________

4) 가: 말하기 실력이 좋지 않아서 한국말을 하고 싶지 않아요.

나: ______________________________

5) 가: 여름에 날씨가 많이 더워서 학교에 다니기 싫을 것 같아요.

나: ______________________________

6) 가: 아침에는 입맛이 없어서 밥을 안 먹고 출근하는 날이 많아요.

나: ______________________________

08 다음 주제 중 하나를 골라 아래에 제시된 내용을 포함하여 글을 쓰십시오.

1. 진로와 진로 선택	2. 현대인의 직업관
• 진로 선택 시 고려해야 하는 것 • 자신의 진로와 선택 이유	• 현대인의 바람직한 직업관 • 자신의 직업관 소개

제3과 음식과 요리

이름: ____________

01 다음에서 알맞은 단어를 골라 빈칸에 쓰십시오.

양념	주식	후식	식품	발효	식습관

1) 의사는 나에게 잘못된 ________________ 고쳐야 한다고 했다.
2) 김치, 막걸리, 된장 등은 한국의 대표적인 ________________ 음식이다.
3) 나는 소금, 설탕 등 여러 가지 ________________ 작은 병에 넣어 두었다.
4) 한과는 옛날부터 한국 사람들이 자주 먹던 ________________ 중 하나이다.
5) 한국인의 ________________ 밥이지만 요즘은 밀가루 음식을 먹는 사람도 많다.

02 다음에서 알맞은 단어를 골라 빈칸에 쓰십시오.

싱겁다	다듬다	느끼하다	달콤하다	데치다	굽다

1) 국물을 먹어 보니까 너무 ________________ 소금을 조금 넣었다.
2) 피자가 너무 ________________ 계속 콜라를 마실 수밖에 없었다.
3) 김장을 하기 위해 어머니와 나는 하루 종일 배추를 ________________.
4) 배가 고픈데 식당에서 갈비를 ________________ 냄새가 나서 참을 수 없었다.
5) 나물 요리를 할 때에는 채소를 오랜 시간 ________________ 않도록 해야 한다.

03 다음 단어나 표현을 넣어서 문장을 만드십시오.

1) 간을 보다: ________________________________
2) 입이 짧다: ________________________________
3) 식사를 거르다: ________________________________
4) 손이 많이 가다: ________________________________

04 '-(으)려거든'을 넣어서 다음 대화를 완성하십시오.

1) 가: 저도 한국 노래를 잘 부르면 좋겠어요.

   나: ______________________________

2) 가: 저도 다음 학기에는 장학금을 받고 싶어요.

   나: ______________________________

3) 가: 반 친구들하고 친해지려면 어떻게 해야 돼요?

   나: ______________________________

4) 가: 한국 친구를 사귀고 싶은데 어떻게 해야 해요?

   나: ______________________________

5) 가: 아침에 일찍 일어나고 싶은데 일어나기가 힘들어요.

   나: ______________________________

6) 가: 좋아하는 여자가 있는데 어떻게 고백을 해야 할지 모르겠어요.

   나: ______________________________

05 '-고 보니'를 넣어서 다음 대화를 완성하십시오.

1) 가: 저 요즘 다이어트 하고 있어요.

   나: 그래요? 그러고 보니 ______________________________

2) 가: 이번에 뽑은 신입 사원은 어때요?

   나: 첫인상은 안 좋았지만 같이 일하고 보니 ______________________________

3) 가: 새집으로 이사하니까 어때요?

   나: ______________________________

4) 가: 왜 발표문을 다시 쓰고 있어요?

   나: ______________________________

5) 가: 떡볶이가 아주 맵다고 들었는데 먹어 보니까 어땠어요?

   나: ______________________________

6) 가: 유학 생활은 힘들고 외롭다고 하던데 직접 해 보니까 어때요?

   나: ______________________________

06 '-(으)ㄹ 지경이다'를 넣어서 다음 대화를 완성하십시오.

1) 가: 밖에 눈이 많이 오나 봐요. (못 걷다)
   나: 네. 눈이 많이 와서 ____________________

2) 가: 음식이 많으니까 더 드세요. (배가 터지다)
   나: 아니에요. 너무 많이 먹어서 ____________________

3) 가: 보일러가 고장 나서 많이 춥지요? (얼어 죽다)
   나: ____________________

4) 가: 어제 시험공부 하느라고 많이 힘들었죠?
   나: ____________________

5) 가: 요즘 얼굴 보기가 힘들던데 많이 바쁜가 봐요.
   나: ____________________

6) 가: 아침도 안 먹고 점심도 굶어서 많이 배고프시겠어요.
   나: ____________________

07 '-(ㄴ/는)다니요?'를 넣어서 다음 대화를 완성하십시오.

1) 가: 제니 씨는 언제 졸업했어요?
   나: ____________________

2) 가: 요즘도 남자 친구하고 잘 지내요?
   나: ____________________

3) 가: 마이클 씨, 내일이 생일이라면서요?
   나: ____________________

4) 가: 왕강 씨가 지난주에 고향에 갔다면서요?
   나: ____________________

5) 가: 날씨도 좋은데 공부 그만하고 밖에 나가서 놀까요?
   나: ____________________

6) 가: 내일은 발표 준비를 해야 하니까 여덟 시까지 오세요.
   나: ____________________

08 다음 주제 중 하나를 골라 아래에 제시된 내용을 포함하여 글을 쓰십시오.

1. 자기 나라의 대표 음식	2. 자신이 좋아하는 외국 음식 소개
• 자기 나라/고향의 대표 음식 이름과 특징 • 그 음식의 재료와 요리 방법	• 그 음식의 이름과 특징 • 그 음식의 재료와 요리 방법

제4과 생활 정보

이름: ____________

01 다음에서 알맞은 단어를 골라 빈칸에 쓰십시오.

공공장소	보건소	분리수거	공과금	환승	시설

1) 병원이나 지하철역 같은 ____________ 금연해야 한다.

2) ____________ 병원보다 진료비가 싸서 사람들이 많이 이용한다.

3) 지금 사는 집은 난방 ____________ 잘 되어 있어서 겨울에 아주 따뜻하다.

4) 전기 요금이나 가스 요금 같은 __________ 자동이체 신청을 해 두면 편하다.

5) 서울에서 버스나 지하철을 탈 때 카드를 사용하면 ___________ 할인을 받을 수 있다.

02 다음에서 알맞은 단어를 골라 빈칸에 쓰십시오.

떠들다	양보하다	보행하다	재활용하다	충전하다	개봉되다

1) 그 길은 너무 좁아서 사람들이 ___________________ 때 불편해한다.

2) 수업 시간에 ___________________ 다른 학생들에게 방해가 될 수 있다.

3) 이번에 ___________________ 영화가 재미있다고 해서 보러 가기로 했다.

4) 나는 아이를 업고 있는 젊은 아주머니에게 자리를 ___________________.

5) ___________________ 수 있는 빈병이나 신문 등은 따로 모아 두어야 한다.

03 다음 단어나 표현을 넣어서 문장을 만드십시오.

1) 침을 뱉다: ____

2) 차례를 지키다: ____

3) 과태료를 내다: ____

4) 법규를 지키다: ____

04 '-었/았더니'를 넣어서 다음 대화를 완성하십시오.

1) 가: 점심을 왜 이렇게 조금밖에 안 드세요?
   나: 아까 빵을 ____________________

2) 가: 구두 굽이 높아서 불편할 것 같은데 괜찮아요?
   나: ____________________

3) 가: 출입국관리사무소에서 왜 이렇게 늦게 왔어요?
   나: ____________________

4) 가: 살이 많이 빠진 것 같은데 다이어트 방법 좀 알려 주세요.
   나: ____________________

5) 가: 지하철에서 가방을 잃어버렸다고 들었는데 어떻게 찾았어요?
   나: ____________________

6) 가: 제니 씨, 한국어 실력이 많이 늘었던데 그동안 어떻게 공부했어요?
   나: ____________________

05 '-는 수도 있다'를 넣어서 다음 대화를 완성하십시오.

1) 가: 조심해서 운전을 했는데도 사고가 났어요.
   나: ____________________

2) 가: 커피를 여러 잔 마셨는데도 잠이 계속 오네요.
   나: ____________________

3) 가: 항상 1등만 하던 제니 씨가 대학 입학시험에 떨어졌대요.
   나: ____________________

4) 가: 요즘 바빠서 그런지 가끔 약속을 잊어버릴 때가 있어요.
   나: ____________________

5) 가: 오늘 일기예보에서 날씨가 맑겠다고 했는데 비가 오네요.
   나: ____________________

6) 가: 마이클 씨는 미국 사람인데도 가끔 영어 맞춤법을 틀려요.
   나: ____________________

06 '-(으)ㄹ 바에야'를 넣어서 다음 대화를 완성하십시오.

1) 가: 집에 컵라면밖에 없는데 그거라도 드시겠어요?
   나: ______________________________

2) 가: 중고 시장에서 자동차를 한 대 살까 생각 중이에요.
   나: ______________________________

3) 가: 저는 용기가 없어서 3년 동안 짝사랑만 하고 있어요.
   나: ______________________________

4) 가: 주말에 성수 씨하고 낚시를 가기로 했는데 같이 갈래요?
   나: ______________________________

5) 가: 숙제하다가 모르는 문제가 있으면 왕강 씨한테 물어보세요.
   나: ______________________________

6) 가: 전공이 적성에 안 맞아서 다시 대학 입학시험을 볼까 해요.
   나: ______________________________

07 '-(으)ㄴ/는 게 -(ㄴ/는)다고들 하다'를 넣어서 다음 대화를 완성하십시오.

1) 가: 은영 씨, 매일 한국 신문을 열심히 보시네요.
   나: ______________________________

2) 가: 스트레스를 해소할 수 있는 좋은 방법이 없을까요?
   나: ______________________________

3) 가: 컴퓨터를 사려고 하는데 어디에 가면 싸게 살 수 있을까요?
   나: ______________________________

4) 가: 동생이 스마트폰을 많이 사용하더니 눈이 나빠진 것 같아요.
   나: ______________________________

5) 가: 인천공항에 가려고 하는데 어떻게 하면 빨리 갈 수 있을까요?
   나: ______________________________

6) 가: 요즘은 대학교를 졸업해도 바로 취직하는 사람이 별로 없대요.
   나: ______________________________

08 다음 주제 중 하나를 골라 아래에 제시된 내용을 포함하여 글을 쓰십시오.

1. 외국인의 한국 생활	2. 물건을 분실한 경험 소개
• 한국에서 생활할 때 편리한 점 • 앞으로 필요하거나 개선되어야 할 점	• 분실한 때와 장소 • 분실했을 때 해결 방법 조언

제5과 한국의 명소

이름: ____________

01 다음에서 알맞은 단어를 골라 빈칸에 쓰십시오.

유적지	명소	볼거리	기념품	문화재	고궁

1) 서울에는 남산이나 명동 같은 관광 ________________ 많이 있다.
2) 경주는 신라시대의 가장 대표적인 ________________ 할 수 있다.
3) 그 사람은 여행을 갈 때마다 여행지에서 ________________ 사 온다.
4) 대학로는 거리 공연 같은 ________________ 많아서 젊은이들이 많이 찾는다.
5) 박물관에 많은 ________________ 있었지만 시간에 쫓겨서 제대로 보지 못했다.

02 다음에서 알맞은 단어를 골라 빈칸에 쓰십시오.

둘러보다	붐비다	손꼽히다	탐방하다	보존하다	집중되다

1) 안동은 전통문화를 잘 ________________ 있는 지역이다.
2) 한국은 수도인 서울에 많은 인구가 ________________ 있다.
3) 요즘 세일 기간이어서 백화점마다 사람들로 ________________.
4) 그 사람은 한국에서뿐만 아니라 세계에서도 ________________ 부자이다.
5) 박물관에 신기한 물건들이 많아서 여기저기를 한참 동안 ________________.

03 다음 단어나 표현을 넣어서 문장을 만드십시오.

1) 일정을 짜다: ________________________________
2) 인기를 끌다: ________________________________
3) 발 디딜 틈이 없다: ________________________________
4) 발길이 끊이지 않다: ________________________________

04 '-길래'를 넣어서 다음 대화를 완성하십시오.

1) 가: 왜 이번 여행을 취소했어요?

   나: ______________________________

2) 가: 옷을 왜 이렇게 많이 샀어요?

   나: ______________________________

3) 가: 왜 이렇게 옷을 얇게 입고 왔어요?

   나: ______________________________

4) 가: 그 일을 왜 성수 씨에게 맡겼어요?

   나: ______________________________

5) 가: 요즘은 왜 영어 학원에 안 다녀요?

   나: ______________________________

6) 가: 지난번에 소개 받은 사람을 다시 만나기로 했어요?

   나: ______________________________

05 '-(ㄴ/는)다고 하더니'를 넣어서 다음 대화를 완성하십시오.

1) 가: 제주도 여행은 어땠어요?

   나: ______________________________

2) 가: 한국에서 유학해 보니까 어때요?

   나: ______________________________

3) 가: 지난번에 본 영화가 재미있었어요?

   나: ______________________________

4) 가: 그 사람을 직접 만나 보니 어떻던가요?

   나: ______________________________

5) 가: 그 식당 음식이 소문대로 정말 맛있던가요?

   나: ______________________________

6) 가: 주말에 한국어능력시험을 봤다면서요? 시험이 어땠어요?

   나: ______________________________

06 '-(으)ㄹ 건지 -(으)ㄹ 건지'를 넣어서 다음 대화를 완성하십시오.

1) 가: 오늘 점심에 무엇을 먹을지 결정했어요?

나: ____________________

2) 가: 이번 방학에 어디로 여행을 갈 거예요?

나: ____________________

3) 가: 어머니 생신 때 어떤 선물을 해 드릴 거예요?

나: ____________________

4) 가: 지금 사귀는 사람하고 언제쯤 결혼할 계획이에요?

나: ____________________

5) 가: 이번 학기가 끝난 후에도 계속 한국에서 계속 공부할 거예요?

나: ____________________

6) 가: LC전자와 삼선전자에 모두 합격했다면서요? 어느 회사에 입사할 거예요?

나: ____________________

07 '(이)야말로'를 넣어서 다음 대화를 완성하십시오.

1) 가: 누구나 쉽게 할 수 있는 운동이 뭐라고 생각해요?

나: ____________________

2) 가: 너는 한국어도 잘하고 영어도 잘해서 정말 좋겠다.

나: ____________________

3) 가: 한국어 공부 중에서 뭐가 가장 중요하다고 생각해요?

나: ____________________

4) 가: 한국에서 가장 가 볼 만한 관광지가 어디라고 생각하세요?

나: ____________________

5) 가: 사계절 중에서 가장 아름다운 계절이 어느 때인 것 같아요?

나: ____________________

6) 가: 한국 음식 중에서 최고로 맛있는 음식이 뭐라고 생각하세요?

나: ____________________

08 다음 주제 중 하나를 골라 아래에 제시된 내용을 포함하여 글을 쓰십시오.

1. 자기 나라의 도시 소개	2. 기행문 쓰기
• 그 도시의 역사 • 그 도시에서 유명한 것	• 여행 장소 소개 • 여행지에서 있었던 일

제6과 세대 차이

이름: ____________

01 다음에서 알맞은 단어를 골라 빈칸에 쓰십시오.

개성	소신	가치관	신세대	기성세대	세대 갈등

1) 부모와 자식 간의 대화 부족은 ____________ 원인이 된다.
2) ____________ 있는 사람은 자신의 선택에 대해 후회하지 않는다.
3) 사회가 빠르게 변화하면서 사람들의 ____________ 많이 달라졌다.
4) 요즘 ____________ 자신의 의견을 분명하게 표현하는 경우가 많다.
5) 내 친구는 평범하게 생겼지만 옷을 입을 때는 ____________ 잘 살린다.

02 다음에서 알맞은 단어를 골라 빈칸에 쓰십시오.

맞추다	단정하다	촌스럽다	이기적이다	무관심하다

1) 그 사람은 ____________ 때문에 자기밖에 모른다.
2) 그 사람은 외모와 옷차림이 ____________ 어른들이 좋아한다.
3) 사고방식이 다른 사람과 의견을 ____________ 것은 쉬운 일이 아니다.
4) 현대인들은 자기 생활이 바빠서 다른 사람에게 ____________ 경우가 많다.
5) 내 친구는 자신의 이름이 ____________ 생각해서 얼마 전에 이름을 바꿨다.

03 다음 단어나 표현을 넣어서 문장을 만드십시오.

1) 눈치를 보다: ____________________
2) 유행을 따르다: ____________________
3) 세대 차이가 나다: ____________________
4) 세대 갈등을 극복하다: ____________________

04 '-곤 하다'를 넣어서 다음 대화를 완성하십시오.

1) 가: 잠이 안 올 때는 어떻게 하나요?
   나: ____________________

2) 가: 공부가 잘 안 될 때는 어떻게 해요?
   나: ____________________

3) 가: 주말에는 보통 뭘 하면서 시간을 보내요?
   나: ____________________

4) 가: 고등학교 때 수업이 끝난 후에 뭘 했어요?
   나: ____________________

5) 가: 유학 생활을 하면서 부모님 생각이 나면 어떻게 해요?
   나: ____________________

6) 가: 고향에 있을 때 친구들을 만나면 주로 무엇을 했어요?
   나: ____________________

05 '-지 않고서는 -(으)ㄹ 수 없다'를 넣어서 다음 대화를 완성하십시오.

1) 가: 이 음식은 맛이 없어 보이네요.
   나: ____________________

2) 가: 어떻게 하면 세대 차이를 극복할 수 있을까요?
   나: ____________________

3) 가: 여행을 갈 때마다 꼼꼼하게 계획을 세우시는군요.
   나: ____________________

4) 가: 은영 씨는 자격증을 여러 개 따 두었다면서요?
   나: ____________________

5) 가: 이 책은 너무 재미없어 보여서 저는 안 읽을래요.
   나: ____________________

6) 가: 그 사람은 제 이상형이 아니어서 만나고 싶지 않아요.
   나: ____________________

06 '-(으)ㄹ 게 뻔하다'를 넣어서 다음 대화를 완성하십시오.

1) 가: 별로 안 매워 보이는데 조금만 드셔 보세요.
   나: 먹어 보나 마나 ____________________

2) 가: 제니 씨, 주말인데 같이 영화나 보러 갑시다.
   나: 주말이어서 ____________________

3) 가: 성수 씨가 오늘 면접시험을 본다고 했는데 잘 봤을까요?
   나: ____________________

4) 가: 일이 있으면 선생님께 말씀 드리고 일찍 집에 가지 그래요?
   나: ____________________

5) 가: 어려운 문제가 있다면 부모님과 상의해 보는 게 좋지 않아요?
   나: ____________________

6) 가: 그 사람이 그렇게 마음에 들면 데이트 신청을 해 보는 게 어때요?
   나: ____________________

07 '-기 마련이다'를 넣어서 다음 대화를 완성하십시오.

1) 가: 말을 많이 해서 그런지 목이 아파요.
   나: ____________________

2) 가: 날씨가 더워서 그런지 자꾸 짜증이 나요.
   나: ____________________

3) 가: 매일 한국 뉴스를 들었더니 듣기 실력이 많이 좋아졌어요.
   나: ____________________

4) 가: 처음에는 한국 생활이 힘들었는데 지금은 많이 익숙해졌어요.
   나: ____________________

5) 가: 소개팅 상대가 모델이라고 해서 기대하고 나갔는데 생각보다 별로였어요.
   나: ____________________

6) 가: 그 집 아이들은 부모를 닮아서 그런지 웃어른들에게 예의 바르게 행동해요.
   나: ____________________

08 다음 주제 중 하나를 골라 아래에 제시된 내용을 포함하여 글을 쓰십시오.

1. 세대 차이 경험과 극복 방법	2. 현대 사회의 가치관
• 세대 차이를 느꼈던 경험(언제, 누구와) • 세대 차이를 극복한 방법	• 현대인의 가치관 변화 • 자신의 가치관 소개(결혼관, 직업관 등)

제7과 옛날이야기

이름: ____________

01 다음에서 알맞은 단어를 골라 빈칸에 쓰십시오.

결말 배경 줄거리 우애 지혜 용기

1) 이 소설 작품의 ____________ 1960년대라고 한다.
2) 영화를 보다가 잠이 들어서 ____________ 부분을 보지 못했다.
3) 잘못했다고 말할 ____________ 없어서 친구에게 사과하지 못하고 있다.
4) 엄마는 형과 나에게 형제 간의 ____________ 좋아야 한다고 말씀하셨다.
5) 친구가 영화 내용을 궁금해해서 내가 ____________ 간단하게 말해 주었다.

02 다음에서 알맞은 단어를 골라 빈칸에 쓰십시오.

교훈적이다 인상적이다 구전되다 용감하다 정직하다

1) 옛날이야기는 책으로 전해지기보다는 ____________ 내려온 것이 많다.
2) 우리 형은 ____________ 사람이어서 절대 거짓말을 하지 않는다.
3) 이 책은 시간의 소중함을 느끼게 하는 ____________ 내용을 담고 있다.
4) 남자 주인공은 항상 사랑하는 여자를 위해 ____________ 싸워서 이긴다.
5) 한 번도 도시를 떠난 적이 없는 나에게 조용한 시골 풍경은 매우 ____________.

03 다음 단어나 표현을 넣어서 문장을 만드십시오.

1) 복을 받다: ____________
2) 겁이 많다: ____________
3) 욕심이 많다: ____________
4) 마음씨가 나쁘다: ____________

04 '-는 둥 마는 둥 (하다)'를 넣어서 다음 대화를 완성하십시오.

1) 가: 입맛이 없어요? 왜 그렇게 ______________________?
   나: 요즘 시험 때문에 스트레스를 받아서 그런지 별로 식욕이 없네요.

2) 가: 제 얘기 잘 듣고 있어요? 왜 집중하지 않고 ______________________?
   나: 죄송해요. 요즘 고민이 많아서 잠깐 다른 생각을 했어요.

3) 가: 은영 씨, 요가 학원은 잘 다니고 있어요?
   나: ______________________

4) 가: 얼굴이 많이 피곤해 보이는데 어제 잠을 못 잤나 봐요.
   나: ______________________

5) 가: 룸메이트가 아까 방 청소를 했는데 왜 또 청소해요?
   나: ______________________

6) 가: 감기가 아직 안 나은 것 같은데 약은 잘 챙겨 먹고 있어요?
   나: ______________________

05 '은/는 물론이고'를 넣어서 다음 대화를 완성하십시오.

1) 가: 제니 씨는 한국 가수를 좋아해서 유학을 왔다고 했지요?
   나: ______________________

2) 가: 자취 생활을 하면 혼자 밥을 해 먹어야 하니까 힘들겠네요.
   나: ______________________

3) 가: 요즘은 휴대폰으로도 인터넷 검색을 할 수 있어서 정말 편리해요.
   나: ______________________

4) 가: 한국어 공부가 정말 어렵죠? 저는 특히 발음이 제일 어려운 것 같아요.
   나: ______________________

5) 가: 오늘 왕강 씨 생일 파티를 한다고 들었는데 케이크는 준비했어요?
   나: ______________________

6) 가: 오늘 저녁에 은영 씨한테 고백하려고 하는데 장미꽃만 준비해도 될까요?
   나: ______________________

06 '치고'를 넣어서 다음 대화를 완성하십시오.

1) 가: 가을이 됐는데도 아직 날씨가 덥네요.

나: ______________________________

2) 가: 우리 엄마는 잔소리를 너무 많이 하세요.

나: ______________________________

3) 가: 요즘 가수들은 다 춤을 잘 추는 것 같아요.

나: ______________________________

4) 가: 요즘 아이들은 대부분 연예인을 좋아하는 것 같죠?

나: ______________________________

5) 가: 제니 씨는 외국인인데도 매운 음식을 잘 먹는 것 같아요.

나: ______________________________

6) 가: 영화배우는 다 예쁠 줄 알았는데 그 사람은 별로 안 예쁜 것 같아요.

나: ______________________________

07 '은/는커녕' 또는 '-기는커녕'을 넣어서 다음 대화를 완성하십시오.

1) 가: 그 사람하고 친해요?

나: ______________________________

2) 가: 한솔 씨, 생일인데 미역국은 드셨어요?

나: ______________________________

3) 가: 성수 씨는 나이도 있는데 아직 결혼 계획 없어요?

나: ______________________________

4) 가: 이번 학기에는 장학금을 받을 수 있을 것 같아요?

나: ______________________________

5) 가: 은영 씨는 뭐든지 다 잘하니까 요리도 잘할 것 같아요.

나: ______________________________

6) 가: 주말에 여행 간다고 들었는데 필요한 짐은 다 싸 두었어요?

나: ______________________________

08 다음 주제 중 하나를 골라 아래에 제시된 내용을 포함하여 글을 쓰십시오.

1. 자신에게 영향을 준 전래동화	2. 내가 쓴 '개미와 베짱이'
• 그 전래동화의 제목과 줄거리 • 그 전래동화에서 영향을 받은 점	• '개미와 베짱이'의 내용 • '개미와 베짱이'의 교훈

제8과 인간관계

이름: ____________

01 다음에서 알맞은 단어를 골라 빈칸에 쓰십시오.

관계	윗사람	모녀	자매	상사	동기

1) 우리는 입사 ____________ 서로 친하게 지낸다.
2) 한국 사회에서는 ____________ 존댓말을 해야 한다.
3) 그들은 쌍둥이 ____________ 외모뿐만 아니라 성격까지도 비슷하다.
4) 회사에서는 일도 중요하지만 동료들과의 ____________ 더 중요하다.
5) 그 집의 어머니와 딸은 서로 친해서 ____________ 아니라 친구 같다.

02 다음에서 알맞은 단어를 골라 빈칸에 쓰십시오.

소중하다	섭섭하다	어색하다	위로하다	배려하다	존중하다

1) 가족은 나에게 가장 ____________ 사람들이다.
2) 지하철에서는 노약자를 ____________ 자리를 양보해야 한다.
3) 친구가 남자 친구와 헤어져서 너무 슬퍼하길래 ____________ 주었다.
4) 그 사람과 나는 별로 친하지 않아서 둘만 있으면 조금 ____________.
5) 유학을 하는 동안 친하게 지내던 친구들과 헤어지게 돼서 너무 ____________.

03 다음 단어나 표현을 넣어서 문장을 만드십시오.

1) 오히려: ____________
2) 관심을 가지다: ____________
3) 대화를 나누다: ____________
4) 인간관계를 맺다: ____________

04 '-(으)ㄹ 수도 있다'를 넣어서 다음 대화를 완성하십시오.

1) 가: 중간시험을 못 봐서 기말시험은 포기할래요.
나: ______________________________

2) 가: 유학 생활은 자유가 많으니까 항상 즐겁겠죠?
나: 혼자 생활하는 시간이 많으니까 ______________________________

3) 가: 주말에 부산에 가려고 하는데 기차표가 없겠죠?
나: ______________________________ 한번 알아보세요.

4) 가: 동생하고 하루 종일 연락이 안 돼서 너무 걱정돼요.
나: ______________________________

5) 가: 이제 곧 가을이니까 여름옷은 정리해 두는 게 좋겠죠?
나: ______________________________

6) 가: 이번 모임도 토요일에 할 테니까 모임 장소를 미리 예약해야겠어요.
나: ______________________________ 한번 확인해 보세요.

05 '-(으)ㄴ 채(로)'를 넣어서 다음 대화를 완성하십시오.

1) 가: 왜 그렇게 감기에 심하게 걸렸어요?
나: ______________________________

2) 가: 어제 제니 씨 집에 왜 도둑이 들었대요?
나: ______________________________

3) 가: 어떻게 하다가 휴대전화를 잃어버렸어요?
나: ______________________________

4) 가: 그 집에 불이 났다면서요? 이유가 뭐래요?
나: ______________________________

5) 가: 이번 달 전기 요금이 왜 이렇게 많이 나왔죠?
나: ______________________________

6) 가: 아까 퇴근하신 줄 알았는데 왜 다시 돌아오셨어요?
나: ______________________________

06 '-(으)ㄴ/는 척하다'를 넣어서 다음 대화를 완성하십시오.

1) 가: 왕강 씨는 그 사람을 왜 그렇게 싫어해요?
   나: ______________________________

2) 가: 제니 씨, 오늘 수업 시간에 공부한 내용을 다 이해했어요?
   나: ______________________________

3) 가: 이번 모임에는 나가기 싫은데 어떻게 해야 할지 모르겠어요.
   나: ______________________________

4) 가: 아까 수업 시간에 많이 아프다고 하더니 이제 좀 괜찮아졌어요?
   나: ______________________________

5) 가: 술을 마시기 싫은데 상사가 계속 마시라고 하면 어떻게 할 거예요?
   나: ______________________________

6) 가: 요즘은 지하철에서 노약자에게 자리를 양보하지 않는 사람이 많아졌죠?
   나: ______________________________

07 '-어/아야'를 넣어서 다음 대화를 완성하십시오.

1) 가: 어떻게 하면 인간관계가 좋아질 수 있을까요?
   나: ______________________________

2) 가: 어떻게 하면 한국어 발음이 좋아질 수 있어요?
   나: ______________________________

3) 가: 친구들과 하도 연락을 안 했더니 만나면 어색해요.
   나: ______________________________

4) 가: 어떻게 하면 한국 문화를 잘 이해할 수 있을까요?
   나: ______________________________

5) 가: 이번 발표는 준비하기 귀찮아서 그냥 하지 말까 생각 중이에요.
   나: ______________________________

6) 가: 저는 아침에 항상 늦게 일어나서 아침을 거를 때가 많아요.
   나: ______________________________

08 다음 주제 중 하나를 골라 아래에 제시된 내용을 포함하여 글을 쓰십시오.

1. 인간관계 경험	2. 인맥의 중요성
• 인간관계 때문에 힘들었던 일 • 그 문제를 극복한 방법	• 인맥이 중요한 이유 • 인맥을 넓히는 방법

제9과 정보 시대

이름: ____________

01 다음에서 알맞은 단어를 골라 빈칸에 쓰십시오.

익명성	정보 사회	전자우편	대중매체	첨단 과학

1) 영화에서만 보던 ____________ 기술이 하나둘씩 현실이 되고 있다.
2) 요즘처럼 쉽고 빠르게 정보를 얻을 수 있는 사회를 ____________ 한다.
3) 뉴스, 신문, 잡지와 같은 ____________ 사람들의 사고방식에 영향을 준다.
4) 요즘은 우편이나 방문 접수 대신 ____________ 서류를 보내는 경우가 많다.
5) 사이버 공간에서는 ____________ 때문에 예의를 지키지 않는 사람들도 있다.

02 다음에서 알맞은 단어를 골라 빈칸에 쓰십시오.

유출되다	공유하다	작성하다	유익하다	탈퇴하다

1) 내일까지 보고서를 ____________ 팀장님께 제출해야 한다.
2) 그 사이트가 해킹되어 회원들의 개인 정보가 ____________ 한다.
3) 이용하지 않는 인터넷 카페는 가능하면 빨리 ____________ 것이 좋다.
4) 인터넷과 컴퓨터의 발달로 많은 사람들이 지식과 정보를 ____________ 되었다.
5) 요리 프로그램은 주부들뿐만 아니라 요리를 좋아하는 사람에게도 ____________.

03 다음 단어나 표현을 넣어서 문장을 만드십시오.

1) 정보를 얻다: ____________
2) 냇글을 달다: ____________
3) 일장일단이 있다: ____________
4) 인터넷에 중독되다: ____________

04 '-(으)ㄴ/는걸요'를 넣어서 다음 대화를 완성하십시오.

1) 가: 이제 유학 생활에 익숙해졌죠?
   나: ______________________________

2) 가: 저 사람이 성수 씨 여자 친구예요?
   나: ______________________________

3) 가: 오늘 오후에 같이 농구하러 갈래요?
   나: ______________________________

4) 가: 마이클 씨, 방학에 같이 여행 갈까요?
   나: ______________________________

5) 가: 컴퓨터가 고장 났는데 좀 고쳐 주실 수 있으세요?
   나: ______________________________

6) 가: 한국어 실력이 좋아서 이제 그만 배워도 되겠어요.
   나: ______________________________

05 '-었/았더라면'을 넣어서 다음 대화를 완성하십시오.

1) 가: 오늘 오후에 비가 온대요.
   나: ______________________________

2) 가: 하숙을 하니까 요리를 안 해서 좋죠?
   나: ______________________________

3) 가: 이번 주말에 백화점에서 세일을 한대요.
   나: ______________________________

4) 가: 약을 바로 안 먹어서 감기가 더 심해졌어요.
   나: ______________________________

5) 가: 이번 달에 돈을 많이 써서 생활비가 부족하다면서요?
   나: ______________________________

6) 가: 어? 커피 사 왔네? 너 주려고 나도 커피 사 왔는데…….
   나: ______________________________

06 '-기엔 -지 않아요?'를 넣어서 다음 대화를 완성하십시오.

1) 가: 아, 배고프다. 빨리 점심 먹으러 가자. (아직 시간이 이르다)
   나: ____________________

2) 가: 제니 씨가 유학생들에게 한국말을 가르친대요. (아직 한국어가 서투르다)
   나: ____________________

3) 가: 내일까지 이 자료들을 다 읽어야 돼요.
   나: ____________________

4) 가: 이 정도면 세 사람이 먹을 수 있겠지요?
   나: ____________________

5) 가: 그 일은 제가 혼자 할 테니까 걱정 말고 집에 가세요.
   나: ____________________

6) 가: 동대문시장에 가려고 하는데 여기에서 걸어서 갈 수 있겠죠?
   나: ____________________

07 '-다시피'를 넣어서 다음 대화를 완성하십시오.

1) 가: 요즘 제니 씨가 다이어트 중이라면서요? (매일 굶다)
   나: ____________________

2) 가: 어제 잠을 잘 못 잤나 봐요. 피곤해 보여요. (거의 밤을 새우다)
   나: ____________________

3) 가: 어제도 남자 친구를 만나더니 오늘 또 만나요? (거의 매일 만나다)
   나: ____________________

4) 가: 요즘 도서관에 일찍 가도 자리가 없어요?
   나: ____________________

5) 가: 요즘 젊은 사람들은 아기를 적게 낳는다면서요?
   나: ____________________

6) 가: 요즘에는 자동차를 운전하지 않고 대중교통을 이용하는 사람들이 많대요.
   나: ____________________

08 다음 주제 중 하나를 골라 아래에 제시된 내용을 포함하여 글을 쓰십시오.

1. 자기 나라 문자 소개	2. 정보 사회의 발달
• 문자의 역사 • 문자의 특징	• 정보 사회의 편리함 • 정보 사회의 역효과

제10과 고민과 상담

이름: ____________

01 다음에서 알맞은 단어를 골라 빈칸에 쓰십시오.

갈등	고민거리	조언	해결책	의욕	상담소

1) 세대 간의 ______________________ 어느 시대나 생길 수 있는 문제이다.
2) 그 아이는 요즘 무슨 ______________________ 있는지 항상 얼굴이 어둡다.
3) 그는 여러 번의 사업 실패로 삶에 대한 ________________ 잃은 것 같다.
4) 아이의 학교생활 문제를 상담하기 위해 아동 ______________ 찾는 부모들이 많다.
5) 문제에 대한 ____________ 찾기 힘들 때는 주위 사람들에게 도움을 받는 것이 좋다.

02 다음에서 알맞은 단어를 골라 빈칸에 쓰십시오.

서투르다	유창하다	통하다	의논하다	충고하다	극복하다

1) 나도 한국 사람처럼 한국어로 ______________________ 말하고 싶다.
2) 그 친구와 나는 대화가 잘 ______________________ 같이 있으면 편하다.
4) 나는 중요한 결정을 해야 할 때 부모님과 ______________________ 때가 많다.
5) 그 배우는 연기를 시작한 지 오래되었지만 아직도 연기가 ______________.
6) 그는 힘든 가정환경 속에서도 끝까지 포기하지 않고 어려움을 잘 ______________.

03 다음 단어나 표현을 넣어서 문장을 만드십시오.

1) 꾸준히: ____
2) 실력을 늘리다: ________________________________
3) 고민을 털어놓다: ______________________________
4) 관심을 기울이다: ______________________________

04 '-(으)ㄴ/는 법이다'를 넣어서 다음 대화를 완성하십시오.

1) 가: 급하게 일을 해서 그런지 실수가 많아요. (서두르다)
   나: ______________________________

2) 가: 3시에 합격자 발표가 있는데 시간이 왜 이렇게 안 가죠? (기다리다)
   나: ______________________________

3) 가: 요즘 계속 운동을 안 했더니 살이 좀 찐 것 같아요.
   나: ______________________________

4) 가: 텔레비전을 너무 가깝게 봐서 그런지 시력이 나빠졌어요.
   나: ______________________________

5) 가: 오랫동안 한국말을 안 썼더니 단어를 많이 잊어버린 것 같아요.
   나: ______________________________

6) 가: 고향을 떠나 한국에서 오래 살다 보니 어머니가 해 주시던 음식이 그리워요.
   나: ______________________________

05 '-다고 치다'를 넣어서 다음 대화를 완성하십시오.

1) 가: 결혼 선물을 못 해서 미안해요.
   나: ______________________________

2) 가: 3년 전에 헤어진 애인을 잊을 수가 없어요.
   나: ______________________________

3) 가: 엘리베이터가 고장 났는데 8층까지 어떻게 가지요?
   나: ______________________________

4) 가: 친구들이 저에 대해서 나쁜 말을 하는 걸 들어서 너무 속상해요.
   나: ______________________________

5) 가: 사람들 앞에서 발표할 때 너무 긴장이 돼서 발표를 잘 못 하겠어요.
   나: ______________________________

6) 가: 친한 친구에게 빌려 준 돈을 받지 못하고 있는데 어떻게 하는 게 좋을까요?
   나: ______________________________

06 '-다가 보면' 넣어서 다음 대화를 완성하십시오.

1) 가: 그 사람은 첫인상이 별로 안 좋아요. (좀 더 만나다)
   나: ______________________________

2) 가: 이 문제를 해결할 만한 좋은 방법이 없을까요? (함께 의논하다)
   나: ______________________________

3) 가: 살이 잘 빠지지 않아서 너무 속상해요.
   나: ______________________________

4) 가: 한국 음식이 입맛에 안 맞아서 힘들어요.
   나: ______________________________

5) 가: 한국어를 아무리 연습해도 실력이 늘지 않아요.
   나: ______________________________

6) 가: 같은 반 친구들하고 별로 친하지 않아서 걱정이에요.
   나: ______________________________

07 '-(으)ㄴ/는 데에는'을 넣어서 다음 대화를 완성하십시오.

1) 가: 요즘 잠이 안 와서 걱정이에요.
   나: ______________________________

2) 가: 농구를 하다가 발목을 삐었는데 잘 낫지 않네요.
   나: ______________________________

3) 가: 아이스크림을 많이 먹어서 그런지 감기에 걸렸어요.
   나: ______________________________

4) 가: 이번에 입사한 회사에서 동료들과 친해지고 싶어요.
   나: ______________________________

5) 가: 아버지하고 세대 차이가 많이 나는데 어떻게 극복하면 좋을까요?
   나: ______________________________

6) 가: 저는 스트레스를 많이 받는 성격인데 어떻게 해소해야 할지 모르겠어요.
   나: ______________________________

08 다음 주제 중 하나를 골라 아래에 제시된 내용을 포함하여 글을 쓰십시오.

1. 나의 고민	2. 친구 고민에 대해 조언하기
• 고민 내용 • 고민을 해결한 방법	• 친구의 고민 내용 • 나의 조언

제11과 전통 명절

이름: ______________

01 다음에서 알맞은 단어를 골라 빈칸에 쓰십시오.

설빔　　벌초　　귀성　　조상　　풍습　　가부장 제도

1) 우리 집은 ____________________ 남아 있어서 중요한 결정은 아버지가 하신다.
2) 한국 사람들은 전통적으로 ____________________ 모시는 것을 중요하게 생각한다.
3) 어렸을 때에는 새해가 되면 어머니가 예쁜 ____________________ 사 주시곤 했다.
4) 요즘은 전통적인 명절 __________________ 불편하게 생각하는 사람들이 많아졌다.
5) 설날에는 고향으로 가는 ___________________ 차량 때문에 고속도로가 심하게 막힌다.

02 다음에서 알맞은 단어를 골라 빈칸에 쓰십시오.

서운하다　　여전하다　　밀리다　　참가하다　　되돌아가다

1) 한국어를 열심히 배워서 말하기 대회에 ____________________________ 싶다.
2) 가장 친한 친구조차 내 생일을 기억하지 못해서 너무 ____________________________.
3) 학교에 가다가 불을 켜 놓고 나온 것이 생각나서 집에 ___________________________.
4) 여름휴가를 다녀온 후에 __________________________ 집안일을 하느라고 더 피곤했다.
5) 초등학교 선생님을 10년 만에 다시 만났는데 친절한 미소는 ______________________.

03 다음 단어나 표현을 넣어서 문장을 만드십시오.

1) 대를 잇다: ____
2) 성묘를 하다: ____
3) 명절을 쇠다: ____
4) 차례를 지내다: ____

04 '-그렇다고 (해서) -(으)ㄹ 수는 없다'를 넣어서 다음 대화를 완성하십시오.

1) 가: 귀찮아서 밀린 빨래를 하고 싶지 않아요.

나: ______________________________

2) 가: 요즘 입맛이 없어서 아무 것도 먹고 싶지 않아요.

나: ______________________________

3) 가: 요즘 돈이 없어서 힘들다면서 친구 생일 선물을 사요?

나: ______________________________

4) 가: 회사에 일이 너무 많아서 그만두고 싶을 때가 많아요.

나: ______________________________

5) 가: 명절마다 차가 너무 많이 막혀서 귀성길이 너무 힘들어요.

나: ______________________________

6) 가: 요즘은 날씨가 너무 좋아서 학교에 안 가고 놀러 가고 싶어요.

나: ______________________________

05 '-는 통에'를 넣어서 다음 대화를 완성하십시오.

1) 가: 오늘 교과서를 안 가지고 왔나 봐요? (서둘러 나오다)

나: ______________________________

2) 가: 안색이 안 좋아 보이는데 체하신 거 아니에요? (급하게 먹다)

나: ______________________________

3) 가: 일찍 온다고 하더니 왜 이렇게 늦었어요?

나: ______________________________

4) 가: 주말에 날씨가 안 좋아서 여행하기 힘들었죠?

나: ______________________________

5) 가: 왜 이렇게 옷이 더러워졌어요? 어디 다쳤어요?

나: ______________________________

6) 가: 퇴근 시간이 지났는데 아직도 퇴근 안 하셨어요?

나: ______________________________

06 '-(으)ㄹ 리가 없다'를 넣어서 다음 대화를 완성하십시오.

1) 가: 왕강 씨가 안 보이는데 도서관에서 공부하나 봐요.
   나: ______________________________

2) 가: 교실에 아무도 없는 걸 보니까 오늘 수업이 없나 봐요.
   나: ______________________________

3) 가: 시험 준비를 많이 못 했는데 시험에 떨어지면 어떡하죠?
   나: ______________________________

4) 가: 제니 씨가 아직까지 안 온 걸 보니까 오늘 결석하려나 봐요.
   나: ______________________________

5) 가: 오후에 친구들이랑 놀러 가기로 했는데 비가 오면 어떡하죠?
   나: ______________________________

6) 가: 한솔 씨가 요즘 많이 바빠서 명절에 고향에 안 내려갈 것 같아요.
   나: ______________________________

07 '-다가는'을 넣어서 다음 대화를 완성하십시오.

1) 가: 저는 요즘 매일 야식을 먹어요.
   나: ______________________________

2) 가: 한솔 씨는 요즘 매일 쇼핑하는 모양이에요.
   나: ______________________________

3) 가: 요즘 학교 과제를 하느라고 자주 밤을 새워요.
   나: ______________________________

4) 가: 저는 시부모님이 불편해서 연락을 잘 안 드려요.
   나: ______________________________

5) 가: 저는 요즘 컴퓨터게임에 빠져서 매일 게임을 해요.
   나: ______________________________

6) 가: 저는 성격이 내성적이어서 수업 시간에 거의 말을 안 해요.
   나: ______________________________

08 다음 주제 중 하나를 골라 아래에 제시된 내용을 포함하여 글을 쓰십시오.

1. 자기 나라의 명절 소개	2. 현대인의 명절
• 대표적인 명절과 그 명절의 의미 • 그 명절의 풍습 (놀이, 음식 등)	• 현대인의 달라진 명절 풍경 • 달라진 명절에 대한 자신의 생각

제12과 사건과 사고

이름: ____________

01 다음에서 알맞은 단어를 골라 빈칸에 쓰십시오.

절도	살인	사기	화재	경제난	이기주의

1) 그는 다른 사람의 말을 잘 믿어서 쉽게 ____________ 당한다.

2) 요즘 ____________ 심각해서 그런지 취업하기가 어렵다고 한다.

3) 요즘 다른 사람의 휴대전화를 훔치는 ____________ 사건이 많다.

4) 건조한 날씨일수록 등산객들은 ____________ 예방에 신경 써야 한다.

5) 얼마 전 그 지역에서 ____________ 사건이 일어나 한 남자가 죽었다고 한다.

02 다음에서 알맞은 단어를 골라 빈칸에 쓰십시오.

검거하다	발생하다	신고하다	위반하다	사망하다

1) 경찰은 범인을 끝까지 쫓아가서 ____________.

2) 집에 도둑이 들어서 경찰서에 바로 ____________.

3) 그 자동차는 신호를 ____________ 달리다가 큰 사고를 냈다.

4) 교통사고로 ____________ 사람이 해마다 증가하고 있다고 한다.

5) 그 지역은 안개가 자주 끼어서 크고 작은 교통사고가 많이 ____________.

03 다음 단어나 표현을 넣어서 문장을 만드십시오.

1) 피해를 입다: ________________________

2) 부상을 당하다: ________________________

3) 범행을 저지르다: ________________________

4) 인심이 각박하다: ________________________

04 '-다기에'를 넣어서 다음 대화를 완성하십시오.

1) 가: 요즘 주말마다 등산을 한다면서요?
나: ______________________________

2) 가: 왜 갑자기 여행 계획을 취소했어요?
나: ______________________________

3) 가: 혼자 살면서 왜 이렇게 음식을 많이 샀어요?
나: ______________________________

4) 가: 제니 씨, 요즘 한국 드라마를 자주 보는 것 같네요.
나: ______________________________

5) 가: 성수 씨, 갑자기 휴학하고 유학 가려는 이유가 뭐예요?
나: ______________________________

6) 가: 은영 씨는 항상 굽이 높은 구두를 신는데 불편하지 않아요?
나: ______________________________

05 '에 따르면'을 넣어서 다음 대화를 완성하십시오.

1) 가: 대학교 등록금이 또 오른다면서요?
나: ______________________________

2) 가: 내년에는 세계 경제가 더 안 좋아질 거라고 하던데요.
나: ______________________________

3) 가: 첨단 기술의 발달로 이제 우주여행이 쉬워질 거라고 하던데요.
나: ______________________________

4) 가: 요즘 청소년들의 인터넷 중독이 심각하다고 하던데 걱정이에요.
나: ______________________________

5) 가: 이번 사건의 범인을 아직도 잡지 못하고 있다고 하던데 정말이에요?
나: ______________________________

6) 가: 그 가수가 영화배우하고 사귄다고 하던데 두 사람이 어떻게 만났을까요?
나: ______________________________

06 '(으)로 인해'를 넣어서 다음 대화를 완성하십시오.

1) 가: 요즘 범죄가 많이 발생하는 이유가 뭐라고 생각해요?
   나: ____________________

2) 가: 그 가수가 갑자기 활동을 중단한다던데 이유가 뭘까요?
   나: ____________________

3) 가: 그 영화배우가 갑자기 죽었다고 들었는데 사망 원인이 뭐래요?
   나: ____________________

4) 가: 어제 고속도로에서 크게 교통사고가 났다면서요? 이유가 뭐래요?
   나: ____________________

5) 가: 요즘 청소년들이 우울증에 걸리는 경우가 많다던데 왜 그런 걸까요?
   나: ____________________

6) 가: 뉴스를 보니까 그 지역 사람들이 많이 다쳤다던데 혹시 이유를 알아요?
   나: ____________________

07 '-고 말다'를 넣어서 다음 대화를 완성하십시오.

1) 가: 마이클 씨, 오늘 제니 씨에게 정말 고백할 거예요?
   나: 네. 오늘은 ____________________

2) 가: 성수 씨, 시험이 많이 어려울 것 같다고 하더니 시험은 잘 봤어요?
   나: 아니요. ____________________

3) 가: 지난번에 산 중고 냉장고는 잘 사용하고 있어요?
   나: ____________________

4) 가: 제니 씨, 무슨 일 때문에 어머니께 그렇게 많이 혼났어요?
   나: ____________________

5) 가: 아직도 일이 많이 남은 것 같은데 오늘 안에 다 끝낼 수 있겠어요?
   나: ____________________

6) 가: 그 팀은 지난해 우승 팀이라서 이기기 힘들 것 같은데 가능하겠어요?
   나: ____________________

08 다음 주제 중 하나를 골라 아래에 제시된 내용을 포함하여 글을 쓰십시오.

1. 감동적인 신문 기사 소개	2. 사건이나 사고 관련 최근 신문 기사 소개
누가, 언제, 어디에서, 무엇을, 어떻게, 왜	누가, 언제, 어디에서, 무엇을, 어떻게, 왜

제13과 재미있는 한국어

이름: ____________

01 다음에서 알맞은 단어를 골라 빈칸에 쓰십시오.

엉엉 꼬르륵 후루룩 주룩주룩 가우뚱가우뚱 헐레벌떡

1) 학교에 늦을 것 같아서 ________________ 뛰어왔지만 지각했다.
2) 장마철이 시작돼서 며칠째 계속 ________________ 비가 오고 있다.
3) 아이는 무슨 슬픈 일이 있는지 아까부터 ________________ 울고 있다.
4) 아무리 설명해도 이해가 안 되는지 동생은 고개를 ______________ 하고 있다.
5) 아침밥을 아무리 많이 먹어도 12시가 되면 배에서 ______________ 소리가 난다.

02 다음에서 알맞은 단어를 골라 빈칸에 쓰십시오.

망하다 맞추다 박히다 흉내 내다 한턱내다

1) 어머니께서 물려주신 반지에는 큰 보석이 __________________ 있다.
2) 언니는 가고 싶은 회사에 취직돼서 가족들에게 __________________.
3) 친구가 사람들 앞에서 자꾸 나의 말투를 __________________ 좀 기분이 나빴다.
4) 밤에 알람 시계를 __________________ 놓지 않으면 아침에 일찍 일어날 수 없다.
5) 어렸을 때 아버지께서 하시던 사업이 __________________ 한동안 형편이 어려웠다.

03 다음 단어나 표현을 넣어서 문장을 만드십시오.

1) 발이 넓다: ____
2) 입이 무겁다: ____
3) 눈을 붙이다: ____
4) 미역국을 먹다: ____

04 '-(으)니/느니 만큼'을 넣어서 다음 대화를 완성하십시오.

1) 가: 이 제품은 왜 이렇게 비싸요? (값이 비싸다/품질도 좋다)
   나: ____________________

2) 가: 감기에 걸려서 머리가 너무 아파요. (환절기이다/감기를 조심하다)
   나: ____________________

3) 가: 바람도 많이 불고 날씨가 너무 춥네요. (날씨가 춥다/옷을 따뜻하게 입다)
   나: ____________________

4) 가: 요즘 주말에도 공부만 했는데 시험 잘 보겠죠? (열심히 했다/결과가 좋다)
   나: ____________________

5) 가: 채소는 별로 맛이 없는데 꼭 먹어야 해요?
   나: ____________________

6) 가: 한국어 CD를 매일 듣는데도 듣기 실력이 좋아지지 않는 것 같아요.
   나: ____________________

05 '-(으)ㄴ/는 김에'를 넣어서 다음 대화를 완성하십시오.

1) 가: 고향에 가족들을 만나러 가는 거지요?
   나: 네. 그리고 ____________________

2) 가: 머리를 자르러 간다고 하더니 염색도 했네요.
   나: ____________________

3) 가: 친구 선물을 사러 간다고 하더니 신발도 샀어요?
   나: ____________________

4) 가: 이메일만 확인한다고 하더니 컴퓨터를 꽤 오래 하네요.
   나: ____________________

5) 가: 밖에 운동을 하러 가는 거 아니에요? 그런데 왜 지갑을 챙겨요?
   나: ____________________

6) 가: 친구들과 명동에 가려고 하는데 명동 근처에 혹시 볼 만한 게 있어요?
   나: ____________________

06 '-고 해서'를 넣어서 다음 대화를 완성하십시오.

1) 가: 왜 남대문시장에 자주 가요?
   나: ____________________

2) 가: 민수 씨, 매일 운동하기로 했다면서요?
   나: ____________________

3) 가: 마이클 씨는 왜 길 건너 한양 식당에만 가요?
   나: ____________________

4) 가: 머리를 왜 이렇게 짧게 잘랐어? 다른 사람인 줄 알았어.
   나: ____________________

5) 가: 이번 학기가 안 끝났는데 왜 갑자기 고향에 가려는 거야?
   나: ____________________

6) 가: 사귄 지 얼마 안 된 것 같은데 남자 친구하고 벌써 헤어졌어요?
   나: ____________________

07 '-(으)면서도'를 넣어서 다음 대화를 완성하십시오.

1) 가: 성수 씨가 결혼했다면서요?
   나: 네. 결혼했으면서도 ____________________

2) 가: 제니 씨는 술을 잘 못 마시나 봐요.
   나: 아니에요. ____________________

3) 가: 은영이하고 한 동네에 사니까 자주 만나겠네요?
   나: 아니요. ____________________

4) 가: 민수 씨가 자주 지각하는 걸 보니까 집이 먼가 봐요.
   나: ____________________

5) 가: 마이클 씨는 밤에 일찍 자니까 아침에 일찍 일어나겠어요.
   나: 아니요. ____________________

6) 가: 이 휴대폰은 다른 것보다 값이 두 배 비싸니까 기능도 더 좋겠지요?
   나: ____________________

08 다음 주제 중 하나를 골라 아래에 제시된 내용을 포함하여 글을 쓰십시오.

1. 자기 나라의 속담	2. 옛날이야기 쓰기
• 자기 나라의 속담과 의미 소개 • 속담에 나타난 문화 소개	• 의성어와 의태어 각각 5개 이상 사용하기

제14과 역사 속의 인물

이름: ____________

01 다음에서 알맞은 단어를 골라 빈칸에 쓰십시오.

역사 시대 인물 학자 예술가 과학자

1) 한국은 오천 년의 긴 ____________ 가진 나라이다.
2) 이율곡은 평생 유학을 공부한 조선시대의 ____________.
3) 나는 앞으로 아인슈타인처럼 세계적인 ____________ 되고 싶다.
4) 한국 사람들이 가장 존경하는 ____________ 세종대왕이라고 한다.
5) 신사임당은 시와 그림 등에서 훌륭한 작품을 남긴 여성 ____________.

02 다음에서 알맞은 단어를 골라 빈칸에 쓰십시오.

뛰어나다 남기다 발명하다 창제하다 발전시키다

1) 그 사람은 역사적으로 많은 업적을 ____________.
2) 세종대왕이 한글을 ____________ 많은 학자들의 도움이 있었다.
3) 그는 어렸을 때부터 글재주가 ____________ 훌륭한 작가가 되었다.
4) 나는 어렸을 때 날아다니는 자동차를 ____________ 것이 꿈이었다.
5) 그 대통령은 나라의 경제를 크게 ____________ 국민들의 존경을 받고 있다.

03 다음 단어나 표현을 넣어서 문장을 만드십시오.

1) 끈기가 있다: ____________
2) 역사를 빛내다: ____________
3) 책임감이 강하다: ____________
4) 어려움을 극복하다: ____________

04 '-기로는'을 넣어서 다음 대화를 완성하십시오.

1) 가: 신혼여행지로 어디가 괜찮을까요?
   나: ______________________________

2) 가: 한국에서 제일 인기가 많은 가수는 누구예요?
   나: ______________________________

3) 가: 서울에서 야경이 아름다운 곳을 소개해 주세요.
   나: ______________________________

4) 가: 구두를 사려고 하는데 어디에 가면 물건이 다양해요?
   나: ______________________________

5) 가: 통역할 사람이 필요한데 우리 반에서 누가 영어를 제일 잘하죠?
   나: ______________________________

6) 가: 오늘 부모님이 오시는데 음식 맛이 좋은 식당을 좀 추천해 주세요.
   나: ______________________________

05 '-는 대로'를 넣어서 다음 대화를 완성하십시오.

1) 가: 밀린 숙제는 언제 다 할 거예요?
   나: ______________________________

2) 가: 오늘 회의는 언제쯤 시작하실 거예요?
   나: ______________________________

3) 가: 비행기표를 예매해야 하는데 언제 할까요?
   나: ______________________________

4) 가: 이사한 지 이주일이나 됐는데 집들이 안 하세요?
   나: ______________________________

5) 가: 저도 그 책을 읽어 보고 싶은데 빌려 주실 수 있어요?
   나: ______________________________

6) 가: 기다리고 있던 영화가 개봉됐다고 하는데 같이 보러 갈래요?
   나: ______________________________

06 '(이)나마'를 넣어서 다음 대화를 완성하십시오.

1) 가: 이번에 시간이 부족해서 여행을 많이 못 했죠? (서울)

나: ______________________________

2) 가: 주말이라 그런지 좌석표는 이미 다 매진되었네요. (입석 표)

나: ______________________________

3) 가: 점심 메뉴가 다 팔리고 샌드위치밖에 안 남았네요. (샌드위치)

나: ______________________________

4) 가: 그 선수의 경기를 직접 보지 못해서 무척 아쉬웠겠어요. (텔레비전)

나: ______________________________

5) 가: 행사 준비를 해야 하는데 도와줄 사람이 제니 씨밖에 없어요. (제니 씨)

나: ______________________________

6) 가: 대기업에 취직하는 게 아주 어렵다던데 취업 준비하려면 힘들겠네요. (중소기업)

나: ______________________________

07 '-(으)려던 참이다'를 넣어서 다음 대화를 완성하십시오.

1) 가: 전화한다고 하더니 왜 안 했어요?

나: 미안해요. 지금 ______________________________

2) 가: 죄송하지만 지하철역이 어디에 있나요?

나: 저를 따라오세요. 저도 마침 ______________________________

3) 가: 아직도 회사예요? 언제쯤 퇴근할 거예요?

나: 안 그래도 지금 ______________________________

4) 가: 운동했더니 목이 마르네요. 우리 음료수 마실까요?

나: 네, 좋아요. ______________________________

5) 가: 선생님 좀 만나고 올 테니까 잠깐만 기다려 주세요.

나: 저도 같이 가요. ______________________________

6) 가: 필요한 책이 있는데 시내에 있는 큰 서점에 가야 살 수 있대요.

나: 잘 됐네요. ______________________________

08 다음 주제 중 하나를 골라 아래에 제시된 내용을 포함하여 글을 쓰십시오.

1. 내가 존경하는 인물	2. 화폐 인물 소개
• 그 인물이 살았던 시대 • 그 인물이 남긴 업적	• 그 인물이 살았던 시대 • 그 인물이 남긴 업적

제15과 미신

이름: ____________

01 다음에서 알맞은 단어를 골라 빈칸에 쓰십시오.

미신 운세 부적 손금 사주팔자 풍수지리

1) 옛날 사람들뿐만 아니라 현대인들 중에도 ________________ 믿는 사람들이 있다.
2) 결혼 날짜를 정할 때 신랑과 신부의 ________________ 알아보고 좋은 날로 정한다.
3) ________________ 가지고 다니면 나쁜 일을 막을 수 있다고 믿는 사람들도 많다.
4) 우리 할아버지께서는 올해의 ________________ 보시고 무슨 일이든지 조심하신다.
5) 뒤에는 산이 있고 앞에는 강이 흐르는 곳을 ________________ 좋은 곳이라고 한다.

02 다음에서 알맞은 단어를 골라 빈칸에 쓰십시오.

불행하다 비과학적이다 택일하다 마련하다 허락하다

1) 현대인들은 미신을 ____________________ 생각해서 믿지 않는다.
2) 그는 우울증에 빠져 자신의 인생을 ____________________ 느끼고 있다.
3) 그 일을 부모님께 말씀 드려 봤자 절대로 ____________________ 않으실 거다.
4) 요즘은 신혼부부들이 자기 집을 ____________________ 10년 이상 걸린다고 한다.
5) 결혼이나 이사 같은 중요한 일은 좋은 날을 ________________ 하는 경우가 많다.

03 다음 단어나 표현을 넣어서 문장을 만드십시오.

1) 운이 좋다: ____
2) 점을 보다: ____
3) 궁합을 보다: ____
4) 코앞으로 다가오다: _____________________________________

04 '-(으)ㄹ까 봐'를 넣어서 다음 대화를 완성하십시오.

1) 가: 왜 그렇게 일찍 출발해요?
   나: ______________________________

2) 가: 왜 이렇게 옷을 많이 입고 왔어요?
   나: ______________________________

3) 가: 밥을 왜 이렇게 조금밖에 안 먹어요?
   나: ______________________________

4) 가: 한 번에 환전을 왜 그렇게 많이 해요?
   나: ______________________________

5) 가: 비행기표를 왜 그렇게 일찍 예매했어요?
   나: ______________________________

6) 가: 오늘은 왜 차를 안 가져오고 지하철로 왔어요?
   나: ______________________________

05 '-지 않을 수 없다'를 넣어서 다음 대화를 완성하십시오.

1) 가: 휴일인데 왜 학교에 가요?
   나: ______________________________

2) 가: 어제 그 친구와 왜 싸웠어요?
   나: ______________________________

3) 가: 왜 갑자기 약속을 취소했어요?
   나: ______________________________

4) 가: 아까운 음식을 왜 버리려고 해요?
   나: ______________________________

5) 가: 서로 사랑하면서 왜 헤어지려고 해요?
   나: ______________________________

6) 가: 아직 졸업할 때가 안 됐는데 벌써 고향에 돌아가요?
   나: ______________________________

06 '(으)로 보아서는'을 넣어서 다음 대화를 완성하십시오.

1) 가: 오늘 밤에는 눈이 올 거라고 해요.
   나: ______________________________

2) 가: 그 친구는 성격이 어떤 것 같아요?
   나: ______________________________

3) 가: 오늘 제니 씨 기분이 어떤 것 같아요?
   나: ______________________________

4) 가: 이번 학기에는 누가 장학금을 받게 될까요?
   나: ______________________________

5) 가: 마이클 씨한테 여자 친구가 있는 것 같아요?
   나: ______________________________

6) 가: 이번 주에 개봉하는 영화가 어떨 것 같아요?
   나: ______________________________

07 '-느니 차라리'를 넣어서 다음 대화를 완성하십시오.

1) 가: 한솔 씨가 친구한테 먼저 사과하세요.
   나: ______________________________

2) 가: 돈이 없으면 친구한테 빌리지 그래요?
   나: ______________________________

3) 가: 숙제가 어려우면 친구한테 도와 달라고 하세요.
   나: ______________________________

4) 가: 요리할 시간이 없는데 그냥 라면이라도 먹고 갈래요?
   나: ______________________________

5) 가: 회사에서 지방 근무를 하라고 하면 어떻게 할 생각이에요?
   나: ______________________________

6) 가: 요즘 고향 가는 비행기표가 값이 두 배나 비싸던데 어떻게 할 거예요?
   나: ______________________________

08 다음 주제 중 하나를 골라 아래에 제시된 내용을 포함하여 글을 쓰십시오.

1. 자기 나라의 미신	2. 현대 사회와 미신
• 자기 나라에서 전해지는 미신의 예 • 그 미신에 담긴 의미	• 미신에 대한 자신의 생각 • 그렇게 생각하는 이유

집필

—

이영숙
현 한양대학교 국제교육원 교수
상명대학교 대학원 문학 박사
국제한국어교육학회 부회장, 이중언어학회 섭외 이사
《한양 한국어 1~3》(공저)
《몽골인을 위한 종합 한국어 3~6》(공저)
《2012 사회통합프로그램(KIIP) 한국어교육과정 개편 연구》(공동)

조자현
현 한양대학교 국제교육원 한국어 강사
한양대학교 대학원 문학 박사
《한양 한국어 2》(공저)

이경은
현 한양대학교 국제교육원 한국어 강사
한양대학교 대학원 한국어교육 전공 박사 수료
《4컷 cartoon 한국어 의성어·의태어》(공저)

기획 서원남
삽화 김인화
사진 이현국
녹음 김정훈, 최희정, 안정호, 황진희, 김윤정

한양 한국어 4

쓰기 연습

한양대학교 국제교육원 편

초판 1쇄 발행 2013년 6월 28일 · **초판 5쇄 발행** 2019년 9월 30일
발행인 김우승 · **발행처** 한양대학교출판부
주소 서울 성동구 왕십리로 222 · **전화** 02.2220.1432-4 · **팩스** 02.2220.1435
홈페이지 press.hanyang.ac.kr · **이메일** presshy@hanyang.ac.kr
출판등록 제4-7호(1972.2.29) · **인쇄** 네오프린텍

값 8,000원

ISBN 978.89.7218.429.4 (04710)